하마터면
아내로만
살 뻔했다

하마터면 아내로만 살 뻔했다

더 큰 나를 만드는 심리학의 힘

박서윤 지음

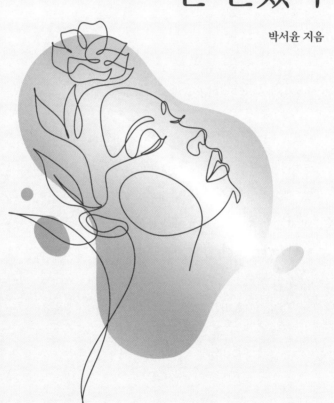

유노
라이프
LIFE

나를 먼저 돌볼 때
비로소 찾아오는 자유

김미숙, 《나를 읽어 주는 심리책》 저자

인간은 언제나 행복한 삶을 소망합니다. 그리고 현대 사회는 우리가 바라는 행복을 향해 더욱 빠르게 발전을 거듭하고 있지요. 그런데 이에 반해 사람들이 느끼는 행복지수는 점점 더 낮아지고 있습니다. 우리는 행복한 인간관계, 더 나아가 행복한 가정, 그리고 행복한 사회를 소망합니다. 하지만 직장 내 갈등이나 가족 간 갈등, 나아가 부부 사이 갈등은 우리를 쉽사리 행복이라는 소망에 이르지 못하게 막습니다. 오히려 일하며 겪는 스트레스는 점점 더 심각해지고 관계에서 오는 소외와 외로움의 골은 점점 더 깊어져만 갑니다.

∘ 겉으로는 가족,
속으로는 타인인 부부

가족, 특히 부부는 이러한 외로움의 고통을 가장 잘 이해해 줄 수 있는 가장 친밀한 관계가 되길 기대합니다. 그러나 오히려 부부나 가족에게서 더 깊은 상처를 받고, 그 이중적 고통에 쉽사리 지쳐버립니다. 이때 마음의 안식이 될 수 있는 대상을 가족이나 배우자가 아닌 외부나 타인에게서 찾기도 합니다. 그들에게서 불안과 공허 그리고 외로움을 해결하려 하지요.

과거보다는 현재에 외도와 같은 사회적 문제들이 증가하고, 연령대와 상관없이 섹스리스 부부뿐 아니라 겉모양만 부부관계를 유지하는 쇼윈도 부부들이 증가하는 이유도 비슷합니다. 바로 '소통'이 부재한 부부가 서로에게서 느끼는 정서적 공허감과 외로움을 적절하게 해결치 못하고 있기 때문입니다.

소통의 부재를 해결하고, 더 행복한 부부관계로 회복하려면 어떻게 해야 할까요? 아마도 서로에 대한 객관적인 이해 과정 경험을 필요로 할 것입니다. 부부뿐 아니라 모든 관계는 상호적입니다. 어느 한쪽만의 노력으로 관계가 개선될 수 있는 것이 아니지요. 만약 어떻게든 부부가 갈등의 위기를 넘어 함께 하기로 선택했다면, 서로 자신의 입장만이 아니라 상대의 입장까지도 함께 이해해 보려는 공감과 더불어 '다소 이성적인 노력'이 필요합니다.

공감이라는 정서적 소통은 마음을 느끼는 것만으로 이루어지지 않습니다. 이해를 통한 진정한 사과와 용서, 그리고 생각이 아닌 마음을 담은 행동으로써 시작되지요. 그렇게 서로에게 와 닿는 작은 헌신들이 쌓여야 합니다. 이러한 헌신들의 시작은 '자기이해'로부터 시작됩니다.

자신을 좀 더 객관적으로 이해하는 지점으로부터 더 나아가 상대에 대한 이해가 진정성을 갖게 되었을 때 가능해집니다. 그런 의미에서 일상에서 사소한 일이라도 함께 나누는 부부의 정서적 소통은 결코 사소하지 않습니다. 서로에 대한 이해와 공감을 통해 관계를 유지하는 것, 더 나아가 만족스런 부부관계에 대한 소망을 이루는 가장 중요한 요소이기 때문입니다.

◦ 100권의 심리책으로
새로운 나를 발견해 나가는 과정

책에서 보여 주는 저자의 부부관계 갈등 또한, 남편의 외박 같은 외적 사건에서 비롯된 것이 아닙니다. 핵심은 소통의 부재입니다. 각자의 생각과 마음에서 비롯된 행동을 서로 각자의 입장에서만 이해하고 단정 짓는 것이 진짜 이유이지요. 이에 대한 저자의 해결 과정은 그야말로 헌신에 가까운 자기이해의 과정이라 할 수 있습니다. 하지만 부부의 갈등은 어느 한 쪽

하마터면 아내로만 살 뻔했다

의 마음과 생각으로 상대를 이해하는 과정으로 해결되지 않습니다. 설사 문제가 해결된 듯 보일 수도 있지만 언제든 사소한 부분에서 다시 갈등이 불거질 수 있는 시한폭탄과도 같지요.

이때 저자는 100여 권의 심리책을 읽어 가며 처음으로 상대가 아닌 자신을 먼저 돌아봅니다. 심리학을 통해 자신의 새로운 면모를 발견해 나가는 과정을 우선하게 되지요. 이것은 한 사람의 일방적인 노력으로 끝나지 않을 수 있는, 가장 중요한 해결의 첫걸음입니다. 자신을 좀 더 객관적으로 보기 시작할수록 아이러니하게도 보이지 않던 상대의 행동을 이해하게 되기 때문입니다. 자신뿐 아니라 상대가 조금 더 이해되는 지점을 발견할 수 있어야 소통의 기회가 자연스레 찾아옵니다.

저자는 스스로를 돌아보며, 이해가 되지 않는 지점에 도달할 때마다 끊임없이 책을 통해 자신을 들여다봅니다. 그리고 이를 근거로 상대에 대한 이해의 폭을 넓혀 나갔습니다. 이것은 자신에 대한 믿음과 신뢰를 전제로 하는 '용기'라 할 수 있습니다. 이러한 용기는 자신을 사랑할 수 있는 잠재력에서 비롯됩니다. 저자는 이 책에 자신의 잠재력을 일깨우며 스스로를 객관적으로 이해하고, 통찰하는 과정을 고스란히 담았습니다. 우리는 이 책에서 보이지 않던 자기 믿음과 신뢰를 회복하고 상대를 이해하는 용기를 발휘하는 과정을 살펴볼 수 있지요.

◦ 한 권의 책이
우리의 삶을 바꿀 수 있다면

저자는 갈등이나 위기에서 초래되는 불안과 맞설 때마다 '어 김없이 책에게 물었다'라고 합니다. 이것은 책 속의 내용을 머 리로 이해하며 그 내용을 자신의 삶에 직접 적용하는 과정을 함축한 표현입니다. 이 책에서 우리는 '상대'를 자신의 배우자 로 선택하고, 배우자와의 관계에서 새롭게 드러나는 진정한 자 신을 찾는 저자의 이야기를 진솔하게 만날 수 있습니다.

실제적인 말과 행동을 직접적으로 알 수 없는 책에서 고통을 해결하는 과정은, 우리가 각자 살아온 모습으로 비춰 이해하는 과정이라 할 수 있습니다. 그렇기 때문에 책 속에 담긴 새로운 정보는 우리가 문제에 봉착했을 때, 앞으로 한 걸음 더 나아갈 수 있도록 인지 과정을 확장하게 합니다. 책으로 자신에 대한 새로운 모습을 발견하는 통찰의 시간을 갖게 하지요.

책으로 인지과정을 확장하는 방법은 아직은 낯설지만, 좀 더 자유로워지는 관점을 터득하기에 새롭게 다가옵니다. 저자의 놀라운 통찰력은 읽는 내내 생생하게 독자에게 전달됩니다. 이 과정은 우리가 관계의 위기와 갈등을 다루어갈 때, 현실적 인 길잡이가 되어 줄 것입니다. 독자들도 저자가 솔직하게 드 러낸 자기이해 과정을 따라가면서, 각자 처한 상황과 마음을 돌아볼 수 있지요.

거듭 강조하지만 관계는 상호적이고, 부부관계도 예외는 아닙니다. 가식 없이 현실적인 사건들을 생생하게 표현한 갈등을 다루는 과정은 부부뿐 아니라 관계의 갈등을 겪는 독자들에게도 진솔하게 자신의 모습을 들여다볼 수 있는 충분한 계기가 될 수 있을 것입니다.

○ 스스로를 믿고 존중하며 두려움 없이 나아가는 삶

마음의 혼란과 고통은 어디에서 올까요? 바로 자신에 대한 의심과 불신에서 비롯됩니다. 반대로 마음의 평안과 자유는 자신에 대한 믿음과 신뢰에서 비롯된다고 할 수 있습니다. 다시 말해서 자신에 대한 신뢰를 갖는 사람은 자신을 사랑하고 존중할 수 있다는 이야기입니다. 이러한 자기 존중과 사랑은 타인에 대한 신뢰와 믿음을 회복하고 더 나아가 서로를 존중하고 사랑할 수 있는 관계로 나아갈 수 있게 합니다.

삶에 있어서 우리는 누구라도 예외 없이 갈등과 위기를 겪습니다. 하지만 위기와 갈등을 다루는 방식은 저마다 다르지요. 각자의 선택에 옳고 그름의 주관적인 잣대를 들이민다는 것은 어불성설입니다. 따라서 우리는 자신의 선택을 믿기 위해서 자기이해를 우선해야 합니다. 더 나아가 자신을 한 발짝 뒤로 물러서서 좀 더 객관적으로 볼 수 있는 분별력을 가져야 이러한 자기신뢰를 바탕으로 내게 맞는 선택을 해 나갈 수 있습니다. 선택에 옳고 그름은 없습니다. 다만 자신을 믿고, 그 선택에 따른 불가피한 책임을 스스로 감당할 수 있는 자신을 스스로 확인하는 것으로 충분합니다.

자기 자신에 대한 믿음과 사랑을 회복하려면 자기이해를 통해 나도 몰랐던 새로운 나를 알아차리려는 노력은 필수입니다. 이 책으로 새로운 자신을 발견하며 좀 더 자유로운 삶으로 거듭나는 의미 있는 과정을 경험해 보길 바랍니다.

하마터면 아내로만 살 뻔했다

심리학이
내게 준 선물

고등학교 때 나의 별명은 '지킬 건 지킨다! 박카스'이다. 스스로 만든 엄격한 규율을 누가 보든 안 보든 꼬박 지키며 살았다. 마치 스스로 한 점 부끄럼 없이 사는 것이 좌우명인 양 말이다. 나는 그렇게 가정, 학교, 직장 어디서나 모범생이었다. 내가 조금 손해를 보더라도, 내 몫에 최선을 다해서 남에게 피해를 주지 않는 것, 그것이 속 편했다.

모든 일에 최선을 다했다. 무엇이든 노력으로 이루어 낼 수 있다고 자신하며 성인이 되었다. 그리고 세상에는 노력만으로 안 되는 일도 있다는 것을 깨달으며 세상을 경험하기 시작했다. 치열하게 노력했지만 원대했던 꿈은 차츰 작아졌고 평범한 직장인이 되었다.

॰ 평온했던 삶에
   갑작스레 찾아온 고통

신혼 초, 하루하루가 감사함과 행복으로 가득했다. 안정을 느끼며 점차 안주하기 시작했다. 모든 것이 완벽하다고 생각하던 그때, 엄청난 고통이 나를 덮쳤다. 처음엔 대수롭지 않게 여겨졌다. 언제나처럼 잘 극복하면 그만이라고 생각했다. 하지만 이번에는 달랐다.

'왜 갑자기 남편의 마음이 돌아섰을까? 어디서부터 잘못되었을까?'

처음에는 원인을 찾으려고 애썼다. 이유를 알면 해결할 수 있다고 믿었다. 하지만 정답도 없었고 내가 할 수 있는 일도 없었다. 매일 들이마시고 내쉬던 호흡이 이토록 어렵고 소중한지 처음 느꼈다. 하루하루를 안간힘을 쓰며 살아 냈다.

모든 통제력을 상실한 나는 좌절했고 사내 마음상담소를 찾았다. 나를 존중하지 않는 배우자와 계속 살아야 할 이유가 있는지 잘 생각해 보라는 말에 되레 남편을 실컷 두둔하다 돌아왔다. 다소 실망스러운 상담이었고 차라리 스스로 답을 찾아나서기로 했다.

하마터면 아내로만 살 뻔했다

∘ 100여 권의 심리책으로
진짜 나를 만나다

처음에는 내 마음에 대한 글을 쓰려고 했다. 나는 여덟 살 때부터 꼬박 한 권씩 일기를 쓰며 마음도 추스르고 답을 얻고는 했다. 하지만 막상 그 일이 닥쳤을 때 어떤 것도 쓸 수 없었다. 무엇보다 내 안의 깊은 상처와 마주할 자신이 없었다. 그동안 '괜찮다'라고 눌러 둔 감정이 출구를 못 찾고 몸집만 커져 결국 폭발 직전에 이르렀다. 그때 한 줄이라도 매일 감사 일기를 쓰기 시작했다. 꾸준함의 힘이었을까? 언제부턴가 책도 조금씩 읽히기 시작했다.

그렇게 100여 권의 심리책을 읽고 글을 쓰면서 나는 조금씩 변화했다. '불안, 우울, 남편, 이혼, 관계' 등의 키워드로 당시 내가 가장 강력하게 느낀 감정이나 처한 상황에 따라 책을 읽었다.

이 책에는 그 가운데 25권을 골랐다. 전체가 좋아 일부분만 담기 어려웠던 책도 있고, 다소 딱딱하지만 특정 이론이 도움이 되어 선정한 책도 있다. 25권의 심리책은 당시 나에게 크고 작은 통찰과 수면 위로 올라올 수 있는 위로와 용기를 준 스승이었다.

처음 그 일이 있었을 때 '남편이 어떻게 그래? 시부모님이 어떻게 내게 이럴 수 있지?' 하며 도통 이해할 수 없었다. 하지만 책을 통해 마음챙김을 하면서 그들을 '역할'이 아닌 '존재'로 바라볼 수 있었다. 그러자 분노 대신 연민이 올라왔다. 그때 깨달았다. 이 모든 고통은 필연이었으며, 내게 깨달음을 주기 위해 이들을 잠시 악역으로 무대에 세웠다는 것을 말이다. 덕분에 문제도 답도 내 안에 있다는 사실을 깨달았다. 이 사실을 이해하고 받아들이기까지 오랜 시간이 걸렸지만, 결국 난 자유로워졌다.

심리책을 읽으면서 공통된 주제를 몇 가지 발견했다. 이를테면 고통에서 벗어나 자유로워지기 위한 '자기이해'와 '자기객관화', 명상과 감사 일기 같은 마음챙김 방법 등이다. 이를 통해 타인보다 내 마음을 먼저 돌봐야하는 이유, 이로써 얻을 수 있는 긍정적인 변화라는 큰 줄기를 발견했다.

이 주제들을 따라가며 비로소 내면의 다양한 감정과 무의식을 처음으로 마주했다. 그동안 다른 사람의 마음만 살뜰히 챙기고 내 마음은 돌보지 않았다는 점을 깨달았다. 트라우마, 애착 등을 공부하며 관점을 확장해 나갔고 명상과 정리, 글쓰기와 같은 방법을 찾아 내 마음을 어루만지기 시작했다. 100여 권의 심리책들은 결국 '치유와 성장'이라는 큰 맥락으로 이어졌다. 그 과정에서 내 안에 묵은 감정과 상처를 하나하나 꺼내 살피고 또 직면하며 잃어버렸던 '나'를 되찾을 수 있었다. 비로소 본연의 맑은 나와 마주하며 새롭게 태어난 기분이었다.

◦ 자기이해와 성찰로 이룬 기적 같은 변화

나는 심리상담가도 전문가도 아닌, 평범한 30대 여자다. 그런 내가 오직 책에서 답을 구하고, 그것을 삶에 적용하며 마침내 자유로워지는 여정을 담았다. 물론 쉽지 않았다. 머리로 이해한 내용이라도 현실에서 생각처럼 되지 않아 답답하기도 했고, 하나를 깨달으면 다른 의문이 들어 혼란스러웠다. 가령, '끌어당김 법칙? 남편과 매일 행복한 때였는데 내가 갑자기 이 지독한 고통을 끌어당겼다고?', '애착? 어린 시절부터 완벽한 안정형이었는데 왜 지금 불안형 애착을 보이는 거지?' 또한 깨달았다고 즉각 변화하는 것도 아니었다. 시행착오도 있었다. 하지만 포기하지 않았다.

내게 일어난 변화를 그때는 감히 상상도 못 했다. 단순히 감정을 다루고 평온을 유지하는 방법을 배운 것이 아니다. 객관적인 자기이해와 성찰을 통해 내적 성장을 이룬 것은 물론, 외면해 왔던 나의 감정을 마주하며 내면을 깊이 들여다볼 수 있었다. 그러자 관계에도 놀라운 변화가 있었다. 산산이 조각나 회복이 불가능해 보였던 관계는 어느새 사랑이 넘쳤고, 주변 사람들도 좋은 인연들로 채워졌다.

일방적인 희생으로 상대에게 맞춰 주는 관계는 언젠가 탈이 나기 마련이다. 온전히 나로서 건강하고 행복할 때 치우침 없이 관계를 이어갈 수 있다. 그것이 진정으로 나와 상대 모두를 위하는 길이다. 나는 그동안 남의 시선을 의식하고 타인만을 위하던 상황에서 빠져나와, 먼저 내 마음은 어떤지 살피게 되었다. 이것은 관계에 있어 '이기심'이 아닌 '자유로움'을 주는 열쇠였다.

책이 주는 통찰과 치유의 힘은 상상 이상이었다. 내게 다른 누군가의 책이 그랬듯이, 때로는 앞서 걸은 사람이 있다는 사실이 살아갈 희망이 되어 줄 때가 있다. 나의 진솔한 이야기를 담은 이 책이 비슷한 고통을 겪는 누군가에게 작은 빛이 되길 바란다.

끝으로, 정체되어 있던 내 성장 세포를 다시 깨워 준 남편에게 진심으로 감사하다. 막상 원고를 써 놓고 수개월을 묵혔다. 남편과의 지극히 사적인 이야기를 공개하는 것이 조심스러웠고 무척이나 부담이 되었기 때문이다. 그에게는 감추고 싶은 불편한 이야기인데도 남편이 큰 용기를 내 준 덕분에 이 책이 세상에 나올 수 있었다. 남편의 응원이 있었기에 이 모든 과정을 글로 써내며 고통의 시간을 치유와 성장의 열매로 탈바꿈할

하마터면 아내로만 살 뻔했다

수 있었다.

　내게 찾아 온 이 모든 변화가 아직도 기적 같다. 변화를 원한
다면 바꿀 것은 딱 하나다. 바로 당신 자신이다!

박서윤

목차

1장

"하마터면 아내로만 살 뻔했다"

마음을 억압하는 문제들

2장

"나를
속박하는 것에서
벗어났다"

내 마음의 주인이 되는 법

3장

"나는
마음공부로
다시 태어났다"

홀로서기 심리 습관에 대하여

4장

"더 큰
나를 위해
연습해야 할 것"

성장을 위한 마음 연습

1장

"하마터면
아내로만
살 뻔했다"

마음을 억압하는 문제들

나를 두렵게
만드는 것들

°당위

    몇 차례 폭풍우가 몰아치듯 1년 남짓한 시간 동안 평온했던 결혼생활에 사건이 연이어 터졌다. 제법 견고하다고 믿었던 내 삶은 뿌리째 뽑혀 이리저리 휘둘렸다. 살아 숨 쉬는 일이 힘겹고 고통스럽다는 사실을 처음 느꼈다. 세포 하나하나까지 바싹 마르고 불안, 우울 같은 부정적인 감정에 영혼마저 빼앗긴 것 같았다. 특히 가슴이 꽉 막힌 듯 답답했다. 삶이 찢겨 나가는 상실의 고통 속에서 나는 통제력을 잃고 살아갈 의욕마저 잃었다.

    나락으로 떨어져 바닥을 치면 남은 선택지는 두 가지다. 그대로 주저앉든가 다시 뛰어오르든가. 나는 고통 끝에 후자를 택했다. 수면 아래 깊숙이 가라앉은 나를 다시 일으키기 위해

100여 권의 책을 멘토 삼아 읽었다. 그렇게 내 마음을 돌보기 시작한 지 1년이 지났다. 지난해 이맘때의 내 모습은 지금과는 정반대였다. 계절로 치면 혹한기만 계속될 것 같은 나날이었는데 놀랍게도 지금, 나는 봄을 만끽하고 있다.

○ 행복 뒤에 숨은 고통의 그림자

유년 시절은 내게 무엇과도 바꿀 수 없는 가장 큰 자산이다. 이상적일 만큼 화목한 가정에서 자랐다. 가족과 함께 저녁을 먹고 동네를 산책하던 일상이 행복한 기억으로 남아 있다. 늘 베풀며 정직하고 성실하게 살아오신 부모님처럼 나 역시 바르고 성실하게 살아왔다. 지금껏 내 삶은 대체로 내 노력과 의지대로 일궈 왔고 앞으로도 그럴 것이라고 확신했다.

그런 내게 찾아온 첫 번째 시련은 갑작스럽게 아버지를 떠나보냈을 때였다. 한평생 선하게 살아온 아버지를 왜 이렇게 일찍 데려갔는지 하늘이 원망스러웠다. 대학생이었던 나는 한동안 가장이 되어 학업과 생계를 책임졌다. 몸은 고됐지만 남은 가족들과 서로 의지하며 견뎠다. 그때 나는 '죽으란 법은 없다'는 세상 이치를 깨우쳤고, 사람들에 대한 감사함을 붙들고 살았다. 돌아가고 싶지 않은 시간이지만 덕분에 내면은 단단해졌다. 무엇이든 자양분 삼아 굳건하게 일어섰다. 웬만한 일에

하마터면 아내로만 살 뻔했다

무너지지 않을 자신이 있었다. 그렇게 20대를 빼곡히 살았다.

사랑하는 아버지를 잃은 상실감보다 더한 시련을 경험하리라고는 상상도 못 했다. 나는 신혼 2년 차에 두 번의 이혼 위기를 맞았다.

남편과는 직장에서 만났다. 오랜 연애 끝에 결혼해 남부럽지 않은 신혼을 보냈다. 쉼 없이 달리던 삶에서 처음으로 안정감과 여유를 느꼈다. 하루하루가 넘치도록 감사했다. 나는 이직에 성공했고 남편의 승진에 이어 기다리던 아기까지 찾아왔다. 이래도 되나 싶을 만큼 행복했다. 하지만 기쁨도 잠시, 남편은 주말까지 출근하며 대부분을 회사에서 보냈고 나는 자궁외임신 판정을 받고 대학병원을 오가며 강제로 임신을 종결시켜야 했다. 나도 남편도 처음 겪는 일이었다. 일종의 항암제인 MTX 주사를 연거푸 맞았지만 임신 호르몬 수치는 계속 올라갔다. 마치 아기가 살겠다고 바둥대는 것 같았다. 나의 상실감과 자책감은 깊어졌고 그럴수록 남편이 필요했다. 하지만 그는 바빴다. 혼자 병원에 다녔지만 괜찮았다. 각자의 자리에서 서로를 위해 최선을 다하고 있다고 믿었기 때문이다.

남편은 내 탓이 아니라고 말해 주었다. 하지만 나는 그가 유산을 한차례 지독한 감기를 앓고 난 정도로 생각하는 것처럼 느껴졌다. 상실감에 자꾸 우울해졌고 마음으로 위로받지 못해 정서적으로 공허했다. 한참 뒤에야 그때 남편도 걱정되는 마음에 자궁외임신에 대해 이것저것 알아봤지만, 내가 불안해할까 봐 내색하지 않았다는 것을 알았다. 괜찮아질 거라며 덤덤한 모습을 보이는 것이 최선이라고 생각한 것이다. 남편이 생각한 위로와 내가 원하는 위로가 달랐다는 사실을 뒤늦게 깨달았다. 당시 남편은 자기 코가 석 자였을 것이다. 나도 다녀 봤지만, 그 직장은 업무 강도가 월등히 높았다. 치열한 일터에서 오로지 능력으로 살아남아야 했다. 승진했으니 한숨 돌리겠다 싶었는데 오히려 막중한 책임감에 그는 잠까지 줄이며 더 바쁘게 일했다.

그때까지도 나는 남편의 마음을 의심하지 않았다. 많이 지쳐서 잠시 나를 돌아볼 여력이 없는 것이라고 생각했다. 그렇게라도 이해해 보고 싶었다. 남편은 일이 바쁘다며 밖에서 자는 날이 많아져 나를 더 외롭게 했지만, 모든 것이 일 때문이라고 여겼다. 바쁜 프로젝트가 끝나기만을 기다렸다.

하지만 기다림 끝에 돌아온 결과는 남편의 이혼 요구였다. 그는 자유를 원했다. 순간 욱해서 뱉은 말이 아니라 작정한 것 같았다. 그때의 충격은 말로 다 표현할 수 없다. 가슴을 주먹으로 치며 울부짖으면서도 나는 희망의 끈을 놓지 못했다. 내가 알던 남편이 아니었다. 남편이 많이 지쳤다고 생각하며 잠깐

하마터면 아내로만 살 뻔했다

스쳐 가는 사춘기의 방황, 권태기 같은 것으로 생각했다. 하지만 이미 몰아치듯 모든 것이 산산이 조각나고 있었다. 나에게 왜 이런 시련이 찾아왔을까?

◦ 삶이 무너지고
진짜 나를 마주했다

처음에는 남편을 무조건 이해하려고 애썼다. 오로지 남편의 마음이 편안해지기만을 바랐다. 하지만 남편을 되돌릴 방법은 없었다. 남편에게 거절당하고 버림받았다는 생각에 나는 점점 스스로 무가치하다고 느꼈다. 고통 속에서 피 흘리는 자신은 보지 못하고 남편을 안쓰러워했다. 남편이 예전의 모습으로 돌아오면 모든 것이 제자리를 찾으리라고 굳게 믿었다. 그렇게 나는 문제의 원인도 해결도 남편에게 달려 있다고 생각했고, 내가 통제할 수 있는 일 하나 없이 그의 행동 하나하나에 휘둘렸다.

모든 고통에는 이유가 있다는 말을 믿는다. 처음에는 도대체 무슨 일이 벌어졌는지 알 수 없었고 내게서 원인을 찾았다. '내가 뭘 잘못한 걸까? 내가 잘못 살아왔나?'라고 자책하며 화살을 내게 돌렸다. 삶 전체가 무너지면서 심신은 바닥을 쳤고 비로소 나 자신과 마주하기 시작했다. 어쩌면 그동안 아버지의 빈

자리를 대신해야 한다는 강한 책임감에 내 욕구와 감정을 감추고 외면하면서 오로지 내가 사랑하는 사람들만 위했는지도 모르겠다.

1년 동안 막장 드라마 같은 삶을 살았던 것 같다. 나도 몰랐던 내 안의 깊은 상처와 울분을 꺼내 보이기도 했다. 그때 《나를 읽어 주는 심리책》을 읽으면서 지난 시간 나의 수많은 당위가 스스로를 고통스럽게 만들었다는 사실을 깨달았다. 무언가 알 듯 말 듯했던 답답함이 명쾌하게 해소되는 느낌이었다.

여기서 당위란, '나는 착한 사람이 되어야 해', '학생이라면 공부를 열심히 해야지', '누나니까 동생들을 잘 돌봐야 해'와 같이 타인의 기대나 역할에 부응하기 위해 스스로 부여한 '해야만 하는' 것을 말한다. 이것은 타인에게도 요구된다. 유산을 겪을 당시에는 '남편은 이래야 한다'는 당위를 가지고 있었다. 남편이니까 당연히 나와 같은 마음을 느끼고, 그 누구보다 나의 상실감을 가장 공감하고 헤아려 줘야 한다고 생각했다. 그러나 남편이 그 당위에 못 미치자 외로움과 서운함을 느끼며 스스로 만든 고통 속에 나를 밀어 넣었다. 또한 처음에는 모든 것이 남편 때문에 벌어졌고 고통 또한 남편에게서 비롯됐다고 생각했다. '남편이 그렇게 행동하고 내게 상처 주는 말을 했기 때문에, 남편이 나를 외면해서…'라고 말이다. 하지만 이 책을 만나

하마터면 아내로만 살 뻔했다

고는 나의 정서적 외로움과 불안 등 고통의 원인이 모두 내게 있었음을 깨달았다.

◦ 한 발 뒤에서 볼 때만 보이는 진짜 내 모습

저자는 '객관적인 자기이해'를 통해 자기 욕구를 인정하고 돌봐야 한다고 강조한다. 나 역시 자기이해 과정을 통해 깨달은 점이 있다. 그중 몇 가지를 꼽자면 첫 번째는 그동안 스스로를 등한시한 채 타인에게만 관심을 쏟았다는 것이다. 상대의 행동만을 주시하며 '기분이 나빴나? 내게 뭔가 불편한 일이 있나?'라고 자의적으로 짐작하고 해석하는 데 에너지를 쏟았다. 그러니 나의 행복과 감정이 상대의 말과 행동에 쉽게 휘둘릴 수밖에 없었다.

두 번째는 남편에게서 내가 느낀 정서적 외로움에 대한 새로운 인식이다. 부부간 정서적 단절은 분명 결혼생활을 위태롭게 만든다. 내가 느낀 외로움이 지금의 남편과 결혼한 탓에 혹은 남편이 가정을 등한시한 상황 때문이라고 생각했다. 하지만 객관적인 자기이해를 통해 이 외로움이 내가 미처 인지하지 못한 나의 '타인 지향적인 태도와 당위'에서 비롯되었다는 점을 알아차리고 인정할 수 있었다. 상대를 위한다는 생각으로 나의 욕구는 억압한 채 타인에 대한 이해와 배려만을 우선시했다. 처음에는 서로가 좋았지만, 상대방은 미안한 마음이 들면서 부담을 느끼기 시작했다. 점점 내 호의를 거부하거나 반응이 시원찮아졌고 나는 서운함을 느꼈다. 결국 남편이 아니라 내가 '정서적 외로움'을 자초한 것이었다.

객관적으로 나를 이해하기 위해 먼저 제3자가 되어 나를 관찰하기 시작했다. 나의 감정과 생각, 욕구를 적다 보면 한 발짝 떨어져서 객관적으로 상황을 볼 수 있다. 이것은 불필요한 감정과 에너지 소모를 줄여 준다. 그다음에는 수시로 확인했다. '이거 정말 네가 원하는 거야? 상대방이 원할 것 같아서 고른 거 아니야?' '너 정말 괜찮은 것 맞아?'라고 스스로 묻고 또 물었다. 마지막으로 결혼 생활에서 '~을 해야만 한다'고 생각해 온 당위를 찾아보았다.

- 남편은 한결같이 아내를 사랑하고 존중해야 한다.
- 부부라면 서로의 일상을 공유해야 한다.
- 부부는 정서적으로 가장 친밀해야 한다. 그러기 위해서는 표현과 관심이 필수다.
- 부부라면 함께 하는 시간을 우선시해야 한다.

적고 보니 모두 스스로 부여한 배우자의 역할과 기대뿐인 자기중심적인 당위였다. 정작 내가 어떤 배우자가 되어야 하는지에 대한 고민은 없었다. 나의 무의식에 얼마나 많은 당위가 있었는지, 또 그것을 남편에게 은연중에 기대하고 바라고 있었는지 깨달았다. 스스로 만든 당위에 혼자 기대하고 실망하기를 반복하고 있었다. 나도 몰랐던 사실을 깨닫고 실제 나와 마주하면서 고통의 원인을 외부가 아닌 내 안에서 찾을 수 있었다. 자기 비난, 자책이 아니라 건강하게 내 중심을 찾으면서 말이다.

세 번째는, 부부간 정서적 친밀감은 애정 행각에서 쌓이는 감정이 아니라, 서로의 소소한 일상을 나누고 오늘 하루 애썼다고 알아주는 공감 어린 소통에서 나온다는 저자의 말에 지극히 공감했다.

남편은 내가 늘 함께 있길 바란다고 생각했다. 하지만 나는 "밥은 먹었어?"처럼 바쁜 틈에 이따금 궁금해하는 연락, "오늘 하루 어땠어?"라는 잠자리에 들기 전 건네는 한마디로도 충분했다. 그런 정서적 연결을 원했다. 나는 책의 내용을 남편에게 보여 주었다. 그 덕분인지 지금은 바쁜 일상에서 잠깐이라도 서로 소소한 일상이나 따뜻한 한마디, 혹은 토닥토닥하는 손길 하나라도 나누고 있다.

마지막으로 관계에서 상대방에게 휘둘리며 내가 통제할 수 있는 것이 없다고 좌절하던 고통에서 헤어 나올 수 있었다. 고통의 원인이 모두 나에게 있었다는 사실을 깨닫자 고통과 한 몸이었던 상황에서 빠져 나와, 상황을 객관적으로 볼 수 있었다. 관점을 바꾸자 생각이 달라졌고, 생각은 행동을 변화시켰다. 외부로 향하던 시선을 내 안으로 옮겨왔고, 나는 내 의지로 할 수 있는 일에 집중했다. 주체적으로 움직이니 고통은 물론 무기력에서도 벗어날 수 있었다.

◦ 자기이해라는 성장의 씨앗

같은 상황에 놓이더라도 저마다 고통을 느끼는 정도가 다르다. 그 고통을 어떻게 바라보느냐에 따라 자의적인 해석이 서로 다르게 이뤄지기 때문이다. 책에 따르면 자의적인 해석은 부정적인 자기 개념에서 비롯된다고 한다. 스스로에 대한 왜곡된 신념이 편향된 관점을 갖게 하고, 그것이 주관적 고통을 만들어 내는 것이다. 자신에 대해 객관적으로 바라보고 이해한다면 이런 오류를 막을 수 있다. 결과적으로 스스로 고통을 더하지 않고 오히려 고통에서 벗어날 수 있는 법을 배웠다.

객관적으로 자기 자신을 바라볼 수 있어야 내 안의 참된 나를 발견할 수 있다. 그동안 내 생각과 뜻대로 주체적으로 살아 왔다고 생각했지만, 그 바탕엔 타인의 시선과 사회의 요구가 더 크게 자리하고 있었다.

많은 사람이 자기 자신을 잘 알아야 한다고 말한다. 나 역시 그랬다. 매년 한 권씩 꼬박 일기를 쓰며 자기 성찰의 시간도 많 이 가졌고, 내가 하고 싶은 일이 무엇인지, 나는 어떤 사람인 지 참 오랜 시간 고민해 왔다. 하지만 이 책을 읽고 나서 그동 안 해 온 자기이해의 노력은 껍데기에 불과하다는 점을 깨달 았다. 성공한 사람들, 행복한 사람들이 강조하는 '자기이해', 그 진짜 씨앗이 무엇인지 배워 내 것으로 적용할 수 있었다.

내 마음을 들여다보는 책
《나를 읽어 주는 심리책》
김미숙 지음, 유노북스, 2021

많은 사람이 자신보다 타인의 말과 행동에 더 큰 관심과 노력을 쏟는다. 하지만 나 를 잘 아는 일이 먼저이고 가장 중요하다. 그래야 타인의 말에 휘둘리지 않으며 건 강한 관계를 맺을 수 있다. 이 책은 우리가 겪는 고통을 어떻게 바라보고 다루어야 하는지, 사례를 통해 이해하기 쉽게 설명한다. 특히 '객관적인 자기이해'에 중점을 두어, 나를 있는 그대로 받아들이면 얻을 수 있는 것들을 전한다.

혼자여서 외로운 것이 아니다

갈등 초기에 어떤 방식으로든 해결책을 찾고 싶었다. 남편의 말 한마디 한마디에 감정이 널을 뛰는 나를 발견하고는, 문득 '내가 외로웠던 걸까?' 하는 생각이 들었다. 시작은 '내가 혼자 있는 시간이 많아 외로웠나?', '내가 혼자 잘 지냈더라면 문제가 없었을까?' 하는 자책에서였다.

결론은 아니었다. 함께 있어도 외롭다. 함께 있는데 느끼는 외로움이 더 깊고 쓸쓸하다. 이때 만난 오시마 노부요리의 《너무 외로운 사람들을 위한 책》은 뜻밖에도 내게 반성하지 말라는 말을 전했다.

◦ 함께하고 싶은 여자,
혼자 있고 싶은 남자

나는 늘 가족과 함께였다. 어릴 적 학교에서 돌아오면 늘 엄마가 집에 계셨다. 두 동생과도 우애가 좋았다. 우리 집 식탁은 원형이었다. 아침이나 저녁 최소한 한 끼는 꼭 다섯 식구가 함께했다. 그게 아니면 온 가족이 거실에 둘러앉아 과일을 먹으며 그날 하루를 나누었다. 생일이면 엄마가 차려 주신 생일상에 케이크, 저마다 생일 카드와 깜짝 선물을 준비했다. 가족뿐만 아니라 친척들과도 여행을 자주 다녔다.

나에게 유년 시절은 가장 행복하고 정서적으로도 풍요로웠던 시간이다. 이런 분위기에서 자라서일까? 나는 혼자 있는 것에 익숙하지 않았다. 대부분 누군가와 함께였고, 챙기고 챙김받는 일이 자연스러웠다. 가족과 시시콜콜 일상을 나눴고 하물며 어딜 가더라도 가족들에게 목적지와 귀가 상황을 당연하게 공유했다.

반면에 남편은 혼자가 익숙했다. 부모님이 맞벌이를 하셨기에 혼자 보낸 시간이 많았다. 생일날은 케이크 대신 외식으로 축하 의미를 두었다. 감정을 표현하는 것에 서툴렀다. 자신의 일상을 가족과 나누기보다는 개인의 생활이 훨씬 중요했다.

이런 두 사람이 만났으니 어느 순간 한쪽은 외롭고, 한쪽은 갑갑했을 것이다. 4년의 연애, 신혼 초까지는 너무도 좋았다. 서로 자신의 성향을 100퍼센트 강요하지 않았고 맞춰 주려고 노력했다. 무엇보다도 매사에 혼자가 익숙한 남편이 나와 함께하고자 노력했기 때문일 것이다.

"집에 잘 들어갔어?" 혹은 "밥 먹었어?" 하는 한 마디가 내겐 왜 그렇게 중요했는지 남편은 이해 못 했지만 하나의 연락 패턴으로 받아 주었다. 나 역시 "저녁 약속? 누구랑?" 하는 질문이 그토록 화낼 일인지 알 수 없었지만, 그가 불편해하는 것은 최대한 묻지 않으려고 했다. 그렇게 우리는 욕구도 사랑을 느끼는 지점도 달랐지만, 서로를 위하는 마음으로 관계를 지탱해 왔다.

◦ 내가 너무 의지해서
그의 마음이 변했을까?

내가 임신부터 유산(정확히는 강제 종결)까지 겪는 동안 남편은 주말까지 반납하며 더 바쁘게 일하고 있었다. 대학병원을 혼자 오가고, 대기실에서 함께 온 부부들을 볼 때도 괜찮았다. 남편이 상황이 여의찮아서 그렇지, 마음은 나와 함께한다고 굳게 믿었기 때문이다. 하지만 점차 밖에서 자는 날이 늘었다. 예전 같으면 피치 못한 상황에서 하루이틀 양해를 구하며 미안함을

하마터면 아내로만 살 뻔했다

비췄을 텐데, 점차 당연한 일이 되는 듯했다.

그저 그가 바쁜 데다 수면 부족이라 까칠해졌다고 생각했다. 그렇게 도리어 그를 안쓰러워하며 나는 괜찮다고 혼자 다독였다. 바쁜 시기가 끝나기만을 기다렸다. 하지만 결과는 절망적이었다. 그의 마음은 이미 멀어져 있었다. 어디서부터 잘못되었는지 알 수 없었다.

그의 외면 앞에서 나는 아무 말도 못 했다. 가슴이 도려내지는 듯한 고통에도 남편이 그러는 이유를 나에게서 찾으며 자책했다.

'반복되는 야근에 너무 힘들었을까? 내가 너무 의지했나?'

남편을 이해해 보려고 애썼지만, 이유를 알 수 없었다. 분명한 사실은 그의 마음이 내게서 떠났고, 나는 그것을 외면하고 있었다. 그에게 의지하지 않으면 괜찮아질 것이라고 스스로를 탓하며, 혼자 잘 지내 보려고 《너무 외로운 사람들을 위한 책》을 펼쳤다.

◦ 상대가 분노하는 이유도 외로움 때문일 수 있다

더 나은 삶을 위해 평균 이상을 해내야 한다고 믿는 사람들,

내 남편도 그 한 명이었다. 물론 잘못된 것은 아니다. 하지만 앞만 보고 달리다 보면 결국에는 탈이 난다. 가장 중요한 '자기 자신'을 잃어버리기 때문이다.

외로움이란 무엇일까? '혼자라고 느끼는 쓸쓸한 마음'이라고 생각했다. 일본의 유명한 심리상담가이자 이 책의 저자 오시마 노부요리는 이렇게 정의한다.

"외로움이란 곁에 누군가가 있어도 아무도 나를 도와주지 않는다든지, 나를 이해해주지 않을 것이라고 생각할 때 느껴지는 감정"

내 안에 타인이 존재하지 않을 때 느껴지는 외로움이 나의 외로움이라고 한다. 읽고 나서 이게 무슨 말인가 싶었다. 그러다 갈등의 소용돌이에 놓여 있던 그때, 이 책을 곱씹으면서 내가 알던 '외로움'에 관해 다시 생각하게 되었다.

남편의 뾰족한 말과 행동을 외로움에 의한 발작이라 생각하고 상황을 마주했다. 그리고 저자의 말대로 그가 발작을 일으키고 있을 때 같이 화내는 대신 지금 내가 외로움을 느끼고 있는지 질문해 보았다. 솔직히 그 순간에는 잘 안 됐다. 생각을 떠올리기도 전에 이미 나는 상처받았다. 억울함과 분노, 서글

품에 얼굴이 벌겋게 달아오르고 심장이 마구 뛰었다.

　그래도 그의 '말'보다 외로움이라는 '감정'에 집중하려고 노력했다. 먼저 나의 외로움을 자각하자 이번에는 상대방의 외로움이 느껴졌다. 그러자 조금 전까지 상대방의 격한 감정에 나까지 집어삼켜질 것 같던 떨림이 멈추고 한 발짝 떨어져 바라볼 수 있었다. 그러자 신기하게 감정이 사그라들고 마음이 차분해졌다. 그가 뱉는 말과 행동이 나를 공격하기 위해서가 아니라, 그저 누구도 자신을 소중히 여기지 않는다는 외로움 때문에 화가 났다는 생각에 이르자 오히려 안쓰럽게 느껴졌다. 그의 감정을 한 발짝 떨어져 바라보게 된 것이다.

　상대가 여전히 발작하고 있다는 상황은 변하지 않았다. 하지만 이때 책에서 제시한 대로 상대방도 나와 똑같이 외롭다는 사실을 인식하자, 그의 태도가 부드러워지고 마음도 온화해진 것처럼 느껴졌다. '도대체 나한테 왜 그러는 거야?'가 아니라 단순히 '나만 외로운 게 아니었구나. 당신도 외롭구나' 하고 바라본 것만으로 마음이 차분해지다니, 내게 너무 절실했던 해결책이었다.

　그동안 나는 그가 폭발하면 순간 얼어붙었다. 작정한 듯 던지는 지독한 말을 눈물로 받아냈다. 그럴수록 자책하는 마음만 커졌다. '내가 좀 더 참을 걸, 저럴 사람이 아닌데 너무 지쳤나 봐. 내가 너무 힘들게 했나?' 하며 화살을 내게 돌렸다. 그럴

때마다 상처받는 것을 되풀이할 때는 그 반성이 원인이라는 말을 되새겼다.

책에 따르면, 상대방에게 상처받고 심한 취급을 받을수록 반성하게 되고 이러한 반성은 상대의 외로움을 자극해 발작을 더심하게 만든다. 발작은 다시 불쾌감을 키워 스트레스를 만들고, 그것은 다시 분노가 된다. 이 상태는 결국 파괴적인 인격으로 변화시키고 분노를 통제할 수 없는 지경에 이르게 된다.

반성하지 않는 것이 상대방과 '대등한 관계'를 만든다는 메시지는 매우 중요하다. 외로움은 대등한 관계가 이루어질 때 비로소 사라지기 때문이다. 그렇다. 내가 자책하며 작아질수록 상대는 더 크게 분노했다. 상처 주는 사람보다 상처받는 사람이 오히려 반성하는 모습을 더 보이지 않는가? '내가 조금 더이해할 걸, 내가 조금 더 조심할 걸' 하면서 말이다.

나 역시 습관적으로 반성하는 이 패턴에서 벗어나야 했다. 단순히 '혼자 있는 시간, 외로움을 느끼지 않는 방법이 있을까?' 하는 호기심에 펼쳤는데 어느 때보다 가장 필요한 처방을 받은 기분이었다. 우리는 건강하게 홀로 설 때 비로소 진정한 자신을 만날 수 있다.

하마터면 아내로만 살 뻔했다

내 마음을 들여다보는 책

《너무 외로운 사람들을 위한 책》

오시마 노부요리 지음, 이유진 옮김, 메이트북스, 2020

이 책은 '외로움'을 단순한 감정이 아닌, 치우친 관계의 균형을 바로 잡는 매개가 될 수 있음을 시사한다. 연인이나 부부 사이 갈등뿐만 아니라, 부모와 자식 간, 상사 등 어떠한 관계에서도 '외로움'으로 상대를 바라보고 대처하면 인간관계가 훨씬 편안해질 수 있다. 특히 툭하면 윽박지르며 분노하는 상대 앞에서 반성하며 상처받길 반복하는 사람에게 이 책을 추천하고 싶다.

끝없는
갈등의 뿌리를 찾아서

흔히 부부관계는 '역시 잘 맞네'보다는 '어쩜 이렇게까지 안
맞아?'라고들 한다. 나도 종종 부부 사이에 우뚝 솟은 벽을 느
낀다. 가장 이해받고 싶은 사람과 서로 완전히 다른 언어로 말
하고 있는 것 같을 때면 세상 외롭게 느껴진다. '어떻게 그렇게
받아들이지?' 하는 억울한 마음에 오해를 풀겠다고 구구절절
설명도 했지만, 그럴수록 남편은 더 이해할 수 없다는 반응을
보였다.

남편의 입장도 마찬가지였다. 그의 사고로는 나의 반응을 이
해하기 어려웠다. 그렇게 관계에 서로 다른 이유로 빨간불이
켜졌다. 거리감이 극대화될수록 좌절감은 커졌다. '우리가 함
께 행복할 수 있을까?'라는 의구심이 고개를 들기 시작했다.

◦ 애착유형에서 비롯된
   차이일 뿐

관계에서 일어나는 문제는 상당수가 '애착'에서 기인하는 경우가 많다. 남편과의 삐걱거림이 도저히 대화로 해결되지 않자, 관계에 관한 책을 찾기 시작했다. 그러다 일본 최고의 정신과 전문의 오카다 다카시가 쓴《애착 수업》을 만났다. 마치 용한 점집에서 남편에 대해 술술 맞춘 것처럼 "맞아"를 연거푸 외치며 읽었다. 그렇게 문제의 해결책이라도 찾은 듯 흥분하여 애착에 관한 여러 책을 찾아 읽기 시작했다.

《애착 수업》이 기본서라면 우르술라 누버의《나는 그래도 날 잘 안다고 생각했는데》는 실전서 같았다. 사랑 때문에 고통받고 있는 9가지 사랑 이야기가 남 일 같지 않았다. 우리는 분명 함께 행복하려고 만났는데, 왜 자꾸 관계에 빨간불이 켜지는 것일까?

애착유형은 크게 네 가지로 나뉜다. 정서적으로 가장 안정된 '안정형 애착', 자신의 영역이 분명하며 이를 침범하는 관계를 불편해하는 '회피형 애착', 애정을 갈구하는 만큼 불안해하고 거절에 민감한 '불안형 애착', 마지막으로 상대와 친밀한 관계가 되고 싶지만, 버려질까 봐 두려워 먼저 밀쳐 내기도 하는 '혼란형 애착'이 있다. 애착에 관해 알아갈수록, 서로 다른 사고와 행동 방식에 대한 이해의 폭을 넓힐 수 있었다.

애착은 생애 초기에 양육자와 얼마나 친밀하고 밀도 있게 유대관계를 맺었느냐에 따라 고정된 패턴이 생긴다고 한다. 이렇게 형성된 애착은 하나의 강력한 심리 요인이 되어 어린 시절뿐만 아니라 성인이 되어서도 행동에 영향을 미친다. 가령 평소 차분하고 반듯했던 사람이 갑자기 비도덕적인 행동을 하거나 작은 일에도 쉽게 분노하고 언성을 높인다면, 어린 시절 충족되지 못한 어떤 욕구를 채우고 상처받은 애착을 치유하고 싶어서일 수 있다. 각 애착유형과 사례들을 보며 나의 행동뿐만 아니라 이해 못 했던 남편의 행동까지 헤아려 볼 수 있었다.

우리는 배우자나 연인에게 '사랑하는데 어떻게 내 마음을 이렇게 몰라줄까?' 하며 서운함을 느낀다. 내가 가장 좌절했던 순간도 나의 아픔과 고통을 남편에게서 이해받지 못한다고 느낄 때였다. 다른 사람은 다 몰라도 딱 한 사람, 배우자가 내 마음을 알아준다면 세상 다 가진 듯 든든했을 텐데 그것을 기대하기 어려울 때 가장 슬펐다.

그런데 애착유형을 공부하면서 이것이 누군가의 잘못 혹은 마음이 부족해서가 아니라는 사실을 알게 되었다. 나와는 애초에 다른 사고패턴을 가진 사람이라고 생각하니 서운함은 누그러지고 남편을 전보다는 있는 그대로 받아들일 수 있었다.

하마터면 아내로만 살 뻔했다

상실감은
애착유형을 바꾸기도 한다

나는 평소에 감정을 솔직하게 털어놓는 편이었다. 하지만 남편은 감정을 드러낼수록 약한 모습을 보이는 것으로 생각했다. 누구든 눈물 보이는 모습을 극도로 싫어했다. 오로지 강자가 되어야 살아남는다고 생각하는 듯했다.

남편은 독립적이었고 내게도 그러길 바랐다. 그는 일에 열정적이며 끊임없이 성장을 지향하던 내 모습을 좋아했다. 하지만 나는 때때로 남편에게 의지하고 싶었다. 결혼하고 2세를 계획하면서 점점 일보다 가정과 안정을 우선시하게 되었다. 반면 여전히 커리어가 훨씬 중요했던 남편은 그런 내 모습에 실망한 눈치였다. 그러면서 다툼이 시작되었다. 나는 갈등의 여러 양상과 이유를 애착유형에서 찾아볼 수 있었다.

어린 시절로 짐작해 보면 나는 '안정형 애착', 남편은 '회피형 애착'에 가까웠다. 그런데 남편과의 갈등에서 내가 보인 양상은 '불안형 애착'에 가까웠다. 난생처음 임신과 유산을 겪었던 시기, 남편과의 정서적 연결을 갈구했지만 되려 가장 큰 단절을 경험했다. 남편과 물리적으로도 떨어져 있었고, 나의 상실감과 슬픔을 크게 공감받지 못했다. 남편과 밤늦게 연락이 닿지 않으면 '사고라도 났나? 과로로 쓰러진 건 아닐까?' 하며 안절부절못했다.

나의 불안 지수가 높아질수록 남편은 점점 더 불편해했다. 그럴수록 나는 남편의 안색을 살피며 눈치를 봤다. 조금이라도 불편한 기색이 보이면 나를 싫어하는 것은 아닐까 하는 불안이 커졌다. 영락없는 불안형 애착유형의 모습이었다.

반면에 회피형 애착유형에 가까웠던 남편은 스트레스가 심해질수록 충동적이고 공격적인 태도를 보였다. 이런 상황은 상대의 아픔에 무관심한 회피형의 성향을 극대화했다. 그렇게 내가 필요로 할수록 멀어졌다. 그가 나를 피할수록 나는 불안과 좌절의 악순환을 경험했다.

◦ 서로 다른 애착유형과 반복되는 오해

《나는 그래도 날 잘 안다고 생각했는데》에서 애착을 '형성하고 싶어 하는 사람'과 '회피하는 사람'의 유형을 읽고 정말 놀랐다. 나는 전자에 가까웠다.

'산책할 때 손잡고 오순도순 대화를 나누는 것을 좋아하고, 목적지에 잘 도착했다고 배우자에게 알려준다, 싸운 뒤 화해해야만 잠들 수 있다.'

나와 정확히 일치했다. 반면에 남편 같은 유형은 이랬다.

하마터면 아내로만 살 뻔했다

'독자적이고 침묵하며 감정을 드러내지 않는다. 타인에게 지나친 관심을 받는 것도 자신이 쏟는 것도 원치 않는다. 내가 하는 모든 일을 설명하는 것이 성가시다.'

저자는 이런 조합에서 갈등이 생기는 것은 당연하다고 한다. 회피형 애착의 특성 상당수에서 나는 남편을 떠올렸다. 남편의 행동에 종종 거리감이 느껴져 서운했었다. 그런데 내가 싫어서가 아니라 이 유형은 상대가 누구든 거리를 유지할 때 편안함을 느낀다는 사실을 알게 되었다. 시시콜콜 일상을 공유하며 공감대를 형성하고 싶은 나와 달리, 남편의 반응은 시원찮았다. 남편은 이를 영양가 없는 대화라고 여겼고 나는 우리가 무슨 비즈니스 관계인가 싶어 답답했다. 도대체 우리가 공유할 수 있는 것은 뭐냐고 묻고 싶었다. 더군다나 평일은 물론 주말까지 대부분을 회사에서 보내는 남편이었다. 그렇기에 더 이런 사소한 일상을 나누는 대화가 필요했고 나는 이것이 부부간 지극히 자연스러운 소통이라고 생각했다.

하지만 회피형 애착의 특징을 읽고 깨달았다. 이런 바람은 어디까지나 나에게만 자연스러운 일이었다. '회피형은 원래 이런 특징을 가졌구나', '그는 그렇게 생각할 수밖에 없었구나' 하고 이해하니 한결 편안했다. 지금은 그때 그 사람이 맞나 싶을 만큼 사소한 대화를 편하게 나누고 있다. 참 신기한 일이다.

책에서는 막스와 마리아의 이야기가 나온다. 두 사람은 저마다 1차 감정을 억누른 채 2차 감정만 표출하며 갈등을 키운다. 갈등 뒤에는 대부분 애착에 관한 욕구좌절이 숨어있다고 한다. 부부라는 관계는 시간이 지날수록 '안전한 항구'로서의 의미를 상실하고 서로가 스트레스를 유발하며 갈등이 일어난다는 것이다. 이에 대해 저자는 1차 감정을 숨기지 말고 서로 무엇을 원하는지, 실제 감정이 어떤지를 알리는 것이 중요하다고 강조한다.

생각해 보면 결혼 초에는 서로를 위한다는 마음으로 싫은 내색을 하지 않고 오직 상대에게 맞춰 주려고 노력한다. 남편도 누구보다 나를 위하며 살뜰히 가정을 챙겼던 사람이다. 하지만 자신을 숨기고 상대만을 위하는 행동은, 선의로 시작했어도 시간이 지날수록 행동을 강요받거나 통제받는다는 기분으로 이어진다. 결국, 저항감은 커지고 꾹꾹 눌러 온 2차 감정만을 거칠게 표출하면서 갈등만 낳는다. 우리 부부도 이 과정을 겪은 것이 아닐까 싶다.

◦ 표현하지 않으면 상대는 결코 알 수 없다

그렇다면 상대의 애착유형을 이해하는 것만으로 해결될까? 정기검진에서 유방암이 의심되어 조직검사를 받게 된 아날레

나의 사례에서 나는 남편이 아닌 나의 행동을 돌아볼 수 있었다. 그녀는 사실혼 관계에 있는 톰이 함께 병원에 가 주길 바랐지만, 톰은 그러지 않았다. 그녀는 나와 같은 생각을 하고 있었다. 나 역시 '내가 필요로 할 때 곁에 있어 준 적 없다'는 원망과 '나의 강요로 억지로 병원에 데려가고 싶진 않은 마음'을 충분히 공감했다.

하지만 톰의 입장은 달랐다. 그는 아날레나가 원하는 바를 분명히 말하지 않고 당연하게 알아주고 행동하겠거니 생각했다가, 혼자 실망한 것에서 오히려 정당한 대우를 받지 못했다고 느꼈다. 결국, 똑같이 비난을 퍼부었다. 마치 제삼자가 되어 나와 남편의 모습을 보는 것 같았다. 같은 상황, 같은 말이라도 애착유형에 따라 받아들이는 바가 크게 달라질 수 있음을 배웠다. 톰을 보며 남편의 입장을 생각해 볼 수 있었다.

시간이 지난 뒤, 자궁외임신으로 혼자 병원에 다닐 때의 일을 이야기할 기회가 있었다. 그는 그때까지도 자신을 그 정도로 필요로 했을 것이라는 생각을 하지 못했다. 내가 바쁜 그에게 부담을 주기 싫어 먼저 괜찮다고 말했기 때문이다. 그는 정말 그런 줄로만 알고 있었다. 남편에게 악의가 없었다는 점 그리고 정말 모를 수 있다는 점을 받아들이며 내가 원하는 바를 좀 더 명확하게 표현할 필요가 있음을 깨달았다.

관계에서 일어나는 문제, 그 심연에는 '애착'이 있다. 이 애착 유형을 살펴보는 것만으로도 서로 도저히 이해할 수 없어 괴로 웠던, 상대방의 행동을 이해하고 또 어떻게 받아들여야 할지를 알 수 있다. 상대의 행동을 도통 받아들일 수 없는 상황에서는 그것을 나에 대한 공격으로 여기기 쉽다. 그러면서 다툼으로 이어진다. 반대로 상대의 입장을 조금이라도 이해하기 시작하 면 나의 포용력은 점점 넓어진다. 포용이 있는 한 갈등은 관계 의 끝이 아닌 또 다른 시작이 된다.

내 마음을 들여다보는 책
《나는 그래도 날 잘 안다고 생각했는데》
우르술라 누버 지음, 손희주 옮김, 생각의길, 2021

어린 시절의 경험에서 생겨 난 애착을 유형별로 다루며, 서로 다른 애착유형과의 관계를 사례를 통해 보여 준다. 저자는 관계에서 생기는 대부분 갈등이 '애착'에서 기인한다고 본다. 결코 남의 이야기 같지 않은 아홉 개의 이야기에는 모두 사랑 때 문에 고통받는 이들이 등장한다. 사랑하는 사람과 행복하고 싶은데, 왜 자꾸 관계 가 어긋나는 것일까? 그 답을 서로의 애착에서 찾을 수 있다.

하마터면 아내로만 살 뻔했다

지금의 내 삶을 형성하는 기억

° **트라우마**

　어렸을 때 형성된 애착유형이 성인이 되어서까지 영향을 미친다는 사실은 꽤 흥미로웠다. 애착유형에 대한 호기심은 어린 시절의 기억, 무의식 그리고 트라우마까지 이어졌다. 하지만 트라우마는 영향을 미치는 범위가 애착보다 훨씬 더 컸다. 나는 '트라우마'란 본인이 직간접적으로 경험한 특정 사건으로 인해 겪는 심리적 외상으로 알고 있었다. 그렇기에 반드시 경험의 주체가 '나'여야 한다고 생각했다. 하지만 내가 잉태된 상태에서 혹은 그 전에 엄마가 겪은 일도 내게 트라우마로 남을 수 있다는 놀라운 사실을 알게 되었다. 이를 뒷받침하는 연구가 있다.

◦ DNA에 새겨지는
트라우마

2013년 에모리 의과대학교에서 '다세대 간 후성적 유전'에 관한 실험을 했다. 그 결과 공포와 두려움이 세대를 이어 유전된다는 사실이 밝혀졌다. 즉, 트라우마의 기억이 DNA에 남아 후세대에까지 유전된다는 의미이다. 어떻게 가능할까? 연구진은 생쥐가 아세토페논의 달콤한 냄새를 맡을 때마다 전기충격을 가해 두려움을 느끼게 했다. 이를 반복하자 생쥐는 이제 아세토페논 냄새만 맡아도 두려워했다. 이런 행동은 다음 세대에서도 똑같이 나타났다. 처음 맡는 냄새였고 전기충격도 없었는데, 다른 쥐들과 다르게 1세대 실험용 쥐의 새끼들은 아세토페논 냄새를 맡자마자 필사적으로 피했다. 극도의 공포를 드러냈다. 놀랍게도 그다음 3세대에서는 그 반응이 더 크게 나타났다. 다른 쥐의 몇백 배로 두려움을 느끼며 거부 반응을 보였다.

이 같은 실험은 2014년 취리히대학교 뇌 연구소에서도 있었다. 어린 수컷 생쥐들을 장기간 어미와 떨어뜨려 놓기를 반복하자, 스트레스를 심하게 받으며 우울 증상을 보였다. 이 생쥐들의 후세대를 관찰하니 같은 자극을 받지 않았음에도 동일한 증상을 보였다. 같은 해 캐나다 레스브리지대학교에서 진행한 실험도 비슷했다. 임신한 어미 쥐의 스트레스가 조산에 미치는 영향에 관한 실험이었다. 스트레스를 받은 어미 쥐는 조산했

하마터면 아내로만 살 뻔했다

고 2, 3세대로 갈수록 임신 기간이 짧아지는 결과를 확인했다.

이 같은 실험들로 외부의 자극, 즉 트라우마는 행동 반응까지 DNA에 새겨져 후세대에 전해진다는 결과가 밝혀졌다. 비록 쥐를 대상으로 한 실험이었지만, 쥐는 인간의 유전자 구조와 99퍼센트 일치한다. 이를 대입해 보면 나의 부모님뿐만 아니라 조부모님이 겪은 트라우마가 나와 자식들에게까지 전해질 수 있다. 트라우마, 상상을 초월하는 그 강력한 대물림이 정말 놀랍지 않은가? 한편으로 나는 내 자식에게 어떤 트라우마를 물려주게 될지 걱정스러운 마음도 들었다.

∘ 트라우마를
상처로 남기지 않으려면

트라우마 가족치료 연구소장 최광현의 《가족의 두 얼굴》에서는 트라우마에 대처하는 상반된 사례가 등장한다. 36세의 젊은 나이로 생을 마감한 한 여인이 있다. 그녀는 16세에 결혼했지만 4년 만에 이혼하고 미국인들에게 야구영웅으로 불리는 조 디마지오Joe DiMaggio, 그다음엔 《세일즈맨의 죽음》으로 유명한 아서 밀러Arthur Miller와 결혼한다. 아인슈타인과도 연인 관계였던 그녀는 아름다운 외모로 남성들의 인기를 한 몸에 받았던 배우, 마릴린 먼로Marilyn Monroe다. 미혼모였던 그녀의 어머니는 알코올 중독자였고, 그녀는 보육원과 위탁 가정을 전전했다. 9살 때는 이웃에게 성폭행을 당하기도 했다.

어린 시절의 이런 경험은 그녀에게 트라우마를 남겼고, 배우로 성공한 뒤에도 버림받지 않으려고 몸부림쳤다. 남성들에게 사랑과 돌봄을 갈구했지만, 그들은 그녀를 성적 대상으로만 여겼다. 결국 그녀는 반복해서 버려지고 상처받다가 약물 과다 복용으로 생을 마감했다.

반면 매춘부의 아들로 태어난 남자가 있다. 포주였던 외할머니는 딸을 강제로 매춘시켰고 그가 태어났다. 바로 동화작가 한스 안데르센Hans Christian Andersen이다. 군인이었던 아버지는 자살하고 어머니는 알코올 중독으로 사망한다. 그의 어린 시절은 알코올 중독, 폭력, 매춘, 가난이 전부였다. 하지만 안데르센은 불행에 굴하지 않고 창작 활동을 통해 극복해냈다. 불행을 인정하고 행복을 향한 과정이라 여기며 노력했기에 마릴린 먼로와는 다른 삶을 살 수 있었다.

이처럼 어린 시절 충격적인 사건을 경험했다고 해서 모두에게 트라우마로 남지는 않는다. 오스트리아의 정신의학자 알프레드 아들러Alfred Adler는 경험 그 자체는 성공의 원인도 실패도 아니라고 했다. 트라우마는 특정 경험이 아니라, 그 경험에 내가 어떤 의미를 부여하느냐로 결정된다는 것이다. 먼저 그 경험을 '직면'하고 사건이 발생한 즉시 대수롭지 않게 극복하거나 긍정적으로 인식하고 상처로 남지 않게 회복하는 액션이 따른다면, 그것은 하나의 경험으로 흘러갈 수 있다.

가령 옛날에는 아이가 재래식 변소에서 변을 보다가 종종 빠지는 경우가 있었다. 이것은 엄청난 트라우마가 될 수도 있지만, 우리 조상들은 지혜를 발휘했다. 이때 부모는 부지런히 떡을 만들어 아이가 '똥 떡'을 외치며 동네에 나눠 주도록 했다. 그러면 이웃들은 관심과 격려를 보냈고, 아이는 변소에 빠진 일을 자연스럽게 흘려보낼 수 있었다.

손힘찬의 《나는 나답게 살기로 했다》에서는 트라우마는 엄청난 고통을 안겨 주기도 하지만 긍정적인 감정을 만드는 계기가 되기도 한다고 전한다. 이렇듯 같은 사건을 경험하더라도 이후 나의 관점이 중요하다. 부정적인 사건이라 할지라도 긍정적인 관점으로 바라본다면 우리는 그 안에서 치유를 경험하고 행복을 향해 한 발 나아갈 수 있다. 무조건 상처를 외면하라는 뜻이 아니다. 외면할수록 트라우마에 발목 잡혀 결핍과 고통을 끊임없이 경험하게 될 것이다.

우선 사건을 외면하지 않고 있는 그대로 인정할 필요가 있다. 그다음에는 긍정적인 관점으로 내가 취할 수 있는 행동을 찾아 실천한다. 내가 사건에 어떤 의미를 부여하느냐에 따라 고통의 정도와 행동의 방향성이 달라질 수 있기 때문이다. 사건이 닥치는 대로 외부 자극에 휘둘리는 '반응자reactor'가 아니라, 주체적이고 의식적으로 행동하는 '행위자actor'가 되자.

◦ 약이 되기도 독이 되기도 하는 트라우마

가족 트라우마 유전 분야의 선구자 마크 월린의 《트라우마는 어떻게 유전되는가》는 트라우마를 극복하고 기적처럼 시력을 되찾은 그의 실제 경험으로 이야기를 시작한다. 그가 트라우마를 극복하는 과정은, 거울을 이용해 스스로를 치유하는 '거울명상'과도 비슷하게 볼 수 있다. 거울명상이란 내 몸속 깊숙한 곳에 억눌러 놓은 감정과 마주하며 마음의 자유를 얻을 수 있는 명상 방법 중 하나이다.

애착 심리학을 다룬 《나는 그래도 날 잘 안다고 생각했는데》에서는 어린 시절의 경험으로 특정 애착유형이 형성되는 과정과 그 특성이 무엇인지 알 수 있었다면, 이 책에서는 한 걸음 나아가 과거에서 각인된 경험을 어떻게 다뤄야 하는지 생각해 볼 수 있었다.

또한, 책에서 '단절된 유대를 찾는 질문'을 읽으며 부모가 된다는 것에 대해 진지하게 생각해 보았다. 트라우마가 될 수 있는 경험으로 '어머니가 나를 임신했을 때 어떤 일이 일어나진 않았는지, 임신 중 부모님 사이에 문제는 없었는지, 산후우울증을 겪었는지, 유아기에 어머니와 떨어져 지낸 적은 없는지,

어머니가 유산한 적은 없는지' 등을 물었다.

질문들을 읽으면서 생명을 잉태하기 전부터 임신 중, 출산 후까지 얼마나 많은 요소가 아이에게 영향을 미치는지 생각하니 아이를 낳고 키우는 일이 얼마나 조심스럽고 책임을 다해야 하는 일인지 새삼 그 무게를 느꼈다. 나 역시 성장하며 순간순간 겪은 경험이 지금의 나를 만들었다고 생각했는데, 훨씬 이전부터 상상한 것 이상의 경험이 복합적으로 나를 창조하고 있었다. 미래의 아이를 위해서라도 나의 깊은 무의식을 정화하며, 나를 더욱 소중히 해야겠다는 깨달음을 얻었다.

내 마음을 들여다보는 책
《트라우마는 어떻게 유전되는가》
마크 월린 지음, 정지인 옮김, 심심, 2016

트라우마가 세대에 세대를 거쳐 대물림된다는 사실은 매우 충격적이었다. 이 책은 질문과 쓰기 과제를 통해 무의식을 들여다보고 트라우마를 극복할 수 있는 실질적 방법을 제시한다. 자신의 핵심 언어를 찾아보고 부모에 대하여 묘사해 보자. 당신도 몰랐던 무의식 속 감정을 발견할 것이다.

남편만
내 편이 아닌 것 같을 때

임신 이후 주수가 찼는데도 아기집이 보이지 않자 제법 큰 병원에서 초음파를 확인했다. 다들 섣불리 말은 안 했지만 뭔가 예후가 좋지 않다는 것은 분위기만으로도 알 수 있었다. 사색이 되어 울먹이는 내게 의사는 차분히 말했다. 자궁외임신으로 보인다며 부인과로 안내했다. 다시 피를 뽑고 진료를 받았다. 2퍼센트 확률이라는 자궁외임신은 수정란이 자궁 안이 아닌 다른 곳(90퍼센트 이상이 나팔관)에 착상되는 임신으로, 방치하면 착상 부위가 태아의 크기를 못 견디고 파열되기 때문에 무조건 임신을 종결시켜야 했다.

여기서 행운은 또 한번 비껴갔다. 나팔관에 착상되었다면 비교적 수술이 수월하지만 나는 5퍼센트의 확률, 혈관이 모여 있어 수술도 쉽지 않다는 자궁각임신이었다. 월경 주기도 일정하고 건강검진 때도 문제없었는데, 하늘이 원망스러웠다. MTX 주사를 맞았지만 수치는 빠르게 올라갔다. 경과가 좋지 않다며 당장 대학병원으로 가라고 했다. 간신히 병원을 나섰는데 눈물이 쏟아졌다. 그대로 길바닥에 주저앉아 엉엉 울었다.

대학병원에서 정밀 초음파를 한 결과 오른쪽 자궁각에 착상된 것을 확인했다. 원인 불명이었다. 내 잘못이 아니라지만 내가 살기 위해서 아기를 죽여야 한다는 생각을 떨칠 수 없었다. 수치가 높으나 수술의 위험 부담도 상당하니 주사를 한 번 더 맞고 경과를 지켜보자고 했다. 수치가 더 오르면 복부 파열로 이어져 응급 상황이 생길 수 있으니 병원과 가까운 곳에서 대기하라고 했다. 그야말로 공포였다. 생존의 위협을 태어나서 처음 느꼈다.

몇 번씩 피 검사를 한 나머지 양팔 혈관은 남아나지 않았다. 수술하려면 배에 구멍을 3개나 뚫어야 한다는데 그 공포감도 상실감 만큼이나 컸다. 그런데 어떻게 된 일인지 남편은 크게 신경쓰지 않는 듯했다. 연애 시절 몸살감기를 앓았을 때, 야근하던 중에도 잠깐 얼굴 보겠다고 없는 차를 빌려서 왔던 남편이었다. 하지만 그저 괜찮을 것이니 걱정하지 말라는 연락뿐이었다. '바빠서 그렇겠지' 하며 애써 넘겼지만, 자책감과 상실감으로 남편의 다독임이 가장 필요했던 시기였다.

계속되는 야근에 지쳐 나를 돌아볼 여력이 없는 것이라고 난 또 그렇게 남편을 이해하려 애썼다. 그렇게 깊어지는 외로움 속에서 남편의 바쁜 시기가 끝나기만을 기다린 지 두 달째 되던 어느 날, 아슬아슬하게 이어져 있던 우리 부부 사이에 마침내 폭탄이 터졌다.

◦ 남편의 외면에도
내 마음은 돌보지 않았다

남편이 메시지를 보내려다 내려놓은 휴대전화를 무심코 봤다가 그대로 얼어붙었다. 심장은 무섭게 요동쳤고 얼굴이 시뻘겋게 달아올랐다. 직원과의 다정한 대화. 그 여자는 사적인 연락을 매일 보냈고 남편은 한결같이 다정했다. 밤낮, 주말할 것 없이 사무실에서 일하던 때였다.

배신감이 컸다. 내가 응급 상황이었을 때 그들은 종일 같이 있으면서 시답지 않은 연락을 하고 있었다. 분노가 내 몸 곳곳을 뚫고 솟구쳤다.

당시 나는 남편에게 정서적으로 의지하며 위로받고 싶었지만, 얼굴조차 보기 힘들었다. 대화다운 대화가 전혀 없었다. 종일 주인을 기다린 강아지처럼 남편을 향한 내 눈빛만 애처로웠다. 하지만 남편은 언제부턴가 눈도 마주치지 않았고 내 챙김도 거부하기 시작했다. 그럴수록 애써 스스로를 다독이며 기

하마터면 아내로만 살 뻔했다

다렸다.

나는 남편에게 메시지를 본 사실을 말했다. 남편은 자신의 물건에 손을 댄 것에 분개했다. 링거까지 맞은 직원을 걱정도 못 해 주냐는 남편의 말에, 그때 나는 당신 아이를 잃었다고 소리쳤다.

"내가 죽을지도 모른다는 공포감에, 자책감에 얼마나 힘들었는데 그때 당신은 고작 과로한 여직원 걱정이었어?"
"그때 내가 네 탓 아니라고 말해줬잖아!"

첫 임신의 기쁨을 누릴 새도 없이 결국, 위험한 고비를 넘겨 끝내 임신을 종결시켰다. 하루이틀이 아니라 몇 달간의 일이었다. 그 모든 순간 혼자였고 무서웠다. 그런데 남편은 네 탓 아니라는 한마디를 해 줬다고 대차게 말하는데 망치로 세게 맞은 것 같았다. 그동안 혼자 견뎌낸 시간과 노력이 한순간 날아갔다.

크게 다퉜고 상처받았지만, 절대 그런 사이가 아니라는 남편의 말을 믿었다. 선 똑바로 그으라는 경고로 담담하게 상황을 정리했다. 그때도 난 부부간에 생길 수 있는 사건 정도로 여겼다. 하지만 며칠 뒤 남편은 헤어지자고 했다. 대화조차 거부했다. 내가 알던 사람이 아니었고, 나는 영문도 모른 채 그에게

처참하게 내동댕이쳐졌다. 그때까지도 나는 내 마음은 돌보지 않았다. 오로지 그의 마음을 살피는 데만 신경을 쏟았다.

이후 나는 불안, 우울, 무기력 등 온갖 부정적인 감정에 잠식되었다. 상실감은 종종 우울증을 유발하거나 불안감으로 발전한다고 한다. 오랜 기다림 끝에 찾아온 임신, 그리고 호되게 겪은 임신 종결 과정에서 아기에 대한 상실감도 컸지만, 그 시기 나에게 멀어진 남편에 대한 상실감이 더 크고 아팠다. 어떤 힘든 일을 겪어도 남편이 의지가 되고 위로가 되어 준다면 견뎌 내지 못할 시련이 없을 것 같았다. 하지만 현실은 그 반대였다. 남편만 내 편이 아니었다.

◦ 이성적 사고를 마비시키는 깊은 상실감

그동안 애써 붙잡고 견뎌 왔던 희망의 끈이 한순간 끊어졌다. 마치 초점을 잃은 채 멍하니 벼랑 끝에 서 있는 기분이었다. 위태롭고 너덜너덜해진 마음의 상처를 치유해야 했다. 심신이 모두 바닥으로 치닫고 있었다.

이때 정서 상태를 회복할 수 있을까 싶어서 인지치료의 고전으로 알려진 《인지치료와 정서장애》를 읽었다.

책 속 한 여성의 사례가 나를 멈춰 세웠다. 그녀는 유산을 경험하기 전까지는 근심이나 걱정, 불안과는 거리가 멀었던 그야

말로 심신이 건강한 사람이었다. 하지만 유산을 겪은 뒤로, 나쁜 일이 일어날 수 있다는 생각을 멈출 수 없었다. 나 역시 유산을 경험하며 처음으로 죽음에 대한 불안, 공포를 느꼈다.

남편과 밤늦게 연락이 안 되면 과로로 쓰러진 것은 아닌지, 사고가 난 것은 아닌지 하는 온갖 걱정과 불안에 휩싸였다. 하루아침에 떠나 보낸 아버지처럼 남편마저 잃을까 봐 불안했다. 그럴수록 남편은 더 화를 냈다. 유산으로 인한 상실감에 관계의 갈등이 더해졌다. 어릴 적 형성된 안정적인 애착 관계를 바탕으로 아버지를 떠나보내고 마주한 어떤 고난도 씩씩하게 극복했는데, 왜 그렇게 속절없이 무너졌을까? 한동안 답을 찾아 헤매던 나에게 이 책이 답을 주었다.

또 다른 사례로 아내가 세상의 전부였던 남자가 아내에게 버림받으며 우울증에 빠지는 이야기가 등장한다. 나의 지난날이 떠올랐다. 남편이 돌아서기 시작했을 때의 불안감을 '그가 마음에 여유가 없어서'라고 생각하며 견뎠다. 그때 나는 남편에게 모든 손길을 거부당하며 한없이 작아지고 있었다.

그런데도 다시 예전 모습으로 돌아오리라고 굳게 믿었다. 그가 겨누는 칼끝을 내 손으로 잡아 스스로를 찔렀다. 그는 점점 나의 사소한 행동까지 왜곡된 시선으로 바라봤다. 어느 순간 되려 내가 그에게 사사건건 사과하고 있었다. 당시 나는 정서적으로 매우 취약했고, 고통을 주는 상대가 다른 사람도 아니고 사랑하는 남편이라는 사실에 이성적 판단을 하지 못했다.

'상실'은 상대에게 부여한 의미와 강도에 따라 그 영향이 달라질 수 있다. 그 타격이 클수록 연쇄반응이 일어나 상황을 과도하게 각색하고, 결국 그것이 고통을 악화시킨다.

결혼과 임신의 과정에서 그는 내 전부가 되었다. 하지만 남편은 두려움을 느꼈던 것 같다. 다시 결혼 전의 자유로웠던 생활을 갈망했을 수도 있다. 그 당시 남편은 아빠가 될 준비가 되어 있지 않았다. 아직 한창 일할 30대였다. 그는 아이와 가정을 돌보기 위해 제대로 도전도 못 해보고 현실과 타협해야 한다는 생각에 좌절했고 그 상실감이 그를 우울하게 만들었다.

이처럼 상실은 애도와 우울이라는 다른 결과를 도출할 수 있다. 우리 부부는 각자 자기만의 상실을 겪고 있었고, 한없이 우울감에 빠져 허우적댔다. 하지만 마음이 조금 더 견고해진 지금은 당시의 상황과 마음을 서로 나누며 충분한 애도를 거쳐 자신의 일부로 받아들이게 되었다. 그 결과 그때의 일이 불쑥 떠올라도 분노나 두려움을 느끼지 않고, 상처도 트라우마로 남지 않았다. 홀가분해진 마음은 남편과의 관계를 더 견고하게 해 주었고, 이제는 서로의 깊은 고민이나 마음을 숨기지 않고 나눌 수 있게 되었다.

하마터면 아내로만 살 뻔했다

내 마음을 들여다보는 책

《인지치료와 정서장애》

아론 벡 지음, 민병배 옮김, 학지사, 2017

인지치료 창시자 아론 벡이 저술한 책으로, 인지치료를 바탕으로 우울증, 불안 신경증, 공포, 강박증과 같은 정서장애를 다루고 있다. 다소 학문적인 책이지만, 우리가 생각하는 고통의 원인이 특정 사건이나 대상에 있지 않고 자신의 왜곡된 사고에 있다는 점을 가르쳐 준다.

나의 마음을
돌보지 않은 결과

° 가스라이팅

친구, 연인, 가족처럼 가장 친밀하다고 생각하는 사이에서 자행되는 파괴적인 행위가 있다. 타인의 심리와 상황을 교묘하게 조작해 상대를 무력화시키고 정서적으로 지배하는, '가스라이팅 gaslighting'이다. '가스등 이펙트 Gaslight Effect'라고도 한다.

이는 1938년 패트릭 해밀턴 Patrick Hamilton 이 연출한 연극 〈Gas Light〉에서 유래한 말이다. 연극에서 잭은 보석을 훔치기 위해 이웃집 부인을 살해한다. 당시에는 가스를 나눠 쓰는 형태라 이웃집에서 가스등을 켜면 다른 집은 어두워졌다.

가스등 때문에 보석 찾는 일을 들킬까 염려한 잭은 오히려 자꾸만 가스등이 어두워진다는 아내 벨라를 이상하다며 다그친다. 물건을 잘 잃어버린다며 호통을 치고 과민한 정신병자로 몰아세운다. 벨라는 처음에는 자신이 분명히 보고 들었다고 확신했지만, 남편의 계속되는 가스라이팅에 점점 자신에게 정말 정신적인 문제가 있다고 생각하게 된다. 벨라는 자책하며 무력해졌고 그럴수록 남편에게 더욱 의존하면서 자신을 잃어 갔다. 80여 년 전의 작품이지만 현재의 가스라이팅 가해자와 피해자 관계를 잘 보여 준다.

◦ 독이 되는 잘못된 사랑, 가스라이팅

모 배우가 연인에게 가스라이팅했다는 의혹이 일어 논란이 된 적 있다. 연인이었던 남자배우에게 수시로 촬영 현장을 녹화해 보내라고 요구하고, 다른 여자배우와 인사는 물론 촬영 중 신체 접촉을 못 하게 대본 수정을 강요하는 등 강압적인 태도를 보였다고 보도되었다. 사랑해서 그랬다지만, 이처럼 잘못된 사랑은 가장 소중한 사람에게 크나큰 고통을 준다. 심각한 경우 자살에 이르게도 한다. 그렇다면 왜 이런 관계가 생기는 것일까? 누가 봐도 잘못된 상황인데 피해자는 왜 속절없이 당하는 것일까?

가스라이팅은 가랑비에 옷 젖듯 가해지는 일종의 심리적 지배이자 폭력이다. 친밀한 관계 뒤에 숨은 심리적 지배가 무서운 이유는 당하는 사람이 전혀 인지하지 못하는 경우도 있기 때문이다. 가스라이팅 피해자는 상대를 믿고 의지하는 만큼 스스로 피해 사실을 알아차리기 어렵다. 가스라이팅이 지속될 수록 피해자는 정서적으로 취약해지고, 가해자는 이를 이용해 더 지배하려 든다.

무심코 가스라이팅 자가진단표를 보다가 소스라치게 놀랐다. 한동안 심리적으로 바닥을 쳤던 나의 상태가 피해자가 처한 것과 흡사했다. 남편의 의도와 상황 전반을 생각했을 때 가스라이팅이라고는 할 수 없어도 '심리적 지배'가 얼마나 무서운지, 정서적으로 취약한 상태에서 그것이 얼마나 강력한 폭력이 될 수 있는지 충분히 공감할 수 있었다.

당시의 나는 남편과의 관계에서 '내가 너무 예민한가?'를 자주 생각하며 눈치 보고 불안해했다. 폭주는 남편이 하고 사과는 내가 하고 있었다. 정작 내 상태가 위태로웠음에도 오로지 상대를 위했다. 남편을 걱정하는 나의 말 한마디에도 그의 반응은 차가웠다. 당시 남편은 아주 낯선 사람 같았다. 심장이 난도질당하는 듯했지만 그의 분노를 가까스로 견뎌냈다.

상대는 반복적으로 나를 몰아붙였지만, 나는 아랑곳하지 않고 그를 이해하려고 애썼다. 사실은 두렵고 무서웠으며 심각하게 불안했다. 그의 말을 무조건 따르고 받아들임으로써 그의 인정과 애정을 갈구했다. 그를 바라보느라 나를 포기했다. 단 한 순간도 그를 원망하거나 탓하지 않았다.

차근차근 대화하면 얼마든지 해결할 수 있는 갈등이라고 생각했다. 하지만 그는 관계를 정리하고자 하는 의사를 보일 뿐이었다. 감정적으로 휘둘리는 상태가 계속되자 점점 '내가 무엇을 잘못했기에 남편이 이렇게 됐을까?'를 생각했다. '더 자유롭게 해 줬어야 했을까? 결혼했다는 이유로 내가 너무 많은 것을 요구하고 있었나? 숨 막히게 했을까?' 하며 후회했다.

머리끝부터 발끝, 가슴 깊숙한 곳까지 마른 장작보다 더 바싹 말라갔다. 낯빛이 까매졌고 저절로 살이 빠졌다. 회사에서 마주치는 사람마다 내 상태를 걱정했다. 다들 유산 후 심리적으로 힘들어 그런 것이라고 여겼다. 하지만 나는 남편이 돌아오기만을 애타게 기다리며 두려움 속에서 하루하루를 버티고 있었다. 그렇게 나는 죽어갔다.

결과적으로 나는 그를 헤아리는 데 모든 에너지를 쏟았고, 그는 그런 나를 외면했다. 그러다 절친한 친구에게 남편의 잦은 외박이 고민이라는 정도로 털어놓았다. 친구는 펄쩍 뛰며 제정신이냐고 되물었다. 그런 행동을 아무렇지 않게 하는 남편이나, 그걸 이해하겠다고 애쓰는 나 둘 다 이상하다는 것이다. 나는 그 상황에서도 "남편이 야근이 많아서 그래, 출퇴근길 차가 너무 많이 막혀"라며 남편을 두둔했다. 그때 친구가 내게 말해 주었다.

"이혼해도 괜찮아. 남편이 집에 오든 말든, 있든 없든 상관없어. 네 인생에서 남편은 하나의 옵션일 뿐이야. 네가 얼마나 소중하고 귀한 사람인데, 넌 존재 자체로 사랑받고 행복할 자격이 있는 사람이야."

그때는 이혼하면 공든 탑이 무너지듯 모든 면에서 실패한 인생이 될 것 같았다. 모두에게 손가락질 받을 것 같아 무서웠고 자신이 없었다. 무엇보다도 여전히 남편을 사랑하고 있었다.

◦ 손뼉도 마주쳐야 소리가 난다

한참 지나고 나서 정신분석가이자 심리치료사로 활동하며 가스라이팅이라는 심리 용어를 최초로 규정한 로빈 스턴의 《그것은 사랑이 아니다》를 읽었다. 그리고 놀라운 사실을 알게 되었다. 바로 가스라이팅은 가해자의 일방적 행위가 아니라 피해자와의 '공동책임'이 그 본질이라는 것이다.

충격적이었다. 상황이나 심리를 교묘하게 조작해 피해자를

하마터면 아내로만 살 뻔했다

통제하려는 가해자의 적극성도 있지만, 그 장단에 맞춰 가해자에게 인정과 애정을 갈구하며 대가를 치르면서까지 그와의 관계를 유지하려는 피해자도 있어야 가스라이팅이 성립된다는 것이다. 로빈 스턴에 따르면, 당시 나는 내 생각과 감정을 완전히 포기함으로써 남편과의 관계를 지키려고 했다. 공동책임 요건을 충족시킨 꼴이었다.

저자는 의외로 사회적으로 인정받고 성공한 여성들이 가정에서 남편에게 가스라이팅이나 폭력을 당하는 경우가 제법 된다며 이렇게 설명한다. 아무리 독립적이고 유능하며 사회적으로 인정받는 위치에 있더라도, 자신이 인정받고 싶은 한 사람이 있다는 것이다. 그 상대와 하나가 될 때 인정 욕구가 채워진다. 그의 인정 없이는 자신의 존재 가치를 느끼지 못하기 때문에 상대방과 어긋나거나 관계에 문제가 생기면 불안해지기 시작한다. 그렇게 가스라이팅 당하기 쉬운 상태가 된다.

그때 왜 그렇게 남편을 이해하려고 애썼는지, 책에서 그 답을 찾았다. 바로 그런 노력은 '상황을 조금 더 통제한다는 느낌'을 주기 때문이었다.

관계에서 가장 고통스러운 일은 통제력을 잃는 것이다. 나역시 남편의 마음을 어떻게 할 수 없었다. 상대방의 생각과 행동 모두 나의 통제 밖에 있으면 언제 폭탄이 터질지 몰라 두려

위하게 된다. 최소한 상대방을 이해하면 그의 행동 혹은 우리 관계를 변화시킬 방법을 찾을 수 있을 것처럼 느껴진다. 그렇게 지금 벌어지는 상황에 조금이라도 대처할 수 있다면, 은연중 자신이 일정 부분 '통제력'을 가졌거나 가질 수 있다고 여겨져 안전하다고 느끼는 것이다. 하지만 우리가 통제할 수 있는 것은 상대의 행동이 아니다. 그의 행동에 대한 '나의 반응' 뿐이다. 결코 상대의 생각을 지배할 수 없다. 어쩌면 나 역시 내 생각이 옳다고 관철하기 위해 그의 생각을 변화시키려고 애썼는지도 모르겠다.

상대의 사고와 행동은 그의 선택이고 방식이라는 사실을 인정하고 받아들이면 나의 마음은 한결 자유로워진다. 한 발짝 물러서야 비로소 보이는 것들이 있다. 나의 관점은 그렇게 한층 더 넓어졌다.

◢

내 마음을 들여다보는 책
《그것은 사랑이 아니다》
로빈 스턴 지음, 신준영 옮김, 알에이치코리아, 2018

가스라이팅은 연인과 가족은 물론 친구, 직장에서도 일어날 수 있다. 놀랍게도 가스라이팅은 가해자만으로 성립되지 않고 반드시 피해자의 참여가 있어야 한다는 사실을 전한다. 가스라이팅의 단계별 사례와 체크리스트로 현재 상황을 자각하고 판단해 보라. 그 고통에서 벗어나 자유로운 삶을 살 수 있게 안내할 것이다.

하마터면 아내로만 살 뻔했다

2장

"나를
속박하는 것에서
벗어났다"

내 마음의 주인이 되는 법

우리는 나 자신만
바꿀 수 있다

° 선택과 집중

어쩌면 삶에서 우리가 가장 방황하는 순간은 스스로 통제력을 잃었을 때가 아닐까?

나는 고통에 대한 역치가 꽤 높은 아이였다. 성인이 되어서도 "그걸 여태 견뎠단 말이야?", "네가 부처니? 도 닦는 데 선수구나?" 하는 말을 들었다. 무엇이든 내가 조금 손해 보고 감내하면 된다고 생각했다. 힘든 일을 겪을수록 역치는 월등히 높아졌다. 내게는 그것이 하나의 통제 방법이었던 것 같다.

우리는 일상에서 쉽게 통제력을 행사한다. 직장에서, 부모가 아이에게, 가족 혹은 부부 간에도 그렇다. 나 역시 그랬다. 어렸을 때 부모님께 걱정 끼칠 행동을 일절 하지 않았으며 누구와 어디를 가는지, 몇 시쯤 귀가할 예정인지 속속들이 가족과 공유했다. 가족 분위기라고만 생각했는데, 나는 유독 이 같은 연락에 능숙했고 지금도 상대가 걱정하기 전에 자발적으로 미리 상황을 알린다. 그저 배려라고 생각했는데, 내가 통제 가능한 상황에서 안정을 느꼈기 때문인 것 같다. 어쩌면 무의식중에 안전하다고 느끼기 위해 남편에게도 같은 행동을 요구했는지도 모르겠다.

◦ 통제력을 잃자
무너져 내렸다

고통은 내 의지와 상관없는, 통제할 수 없는 범주의 것으로 생각했다. 보통 외부 상황이나 타인의 말과 행동으로 고통 받는데, 내가 그 요인을 어떻게 할 수 없기 때문이다. 노력으로 해결할 수 없는 문제는 그저 상황을 긍정적으로 받아들이고 감내하는 자세가 최선이라고 믿었다. 그렇게 나는 오롯이 상대를 이해하려 애썼다. 상대의 마음이 편안해지면 문제 상황도, 나의 고통도 잠잠해졌기 때문이다. 남편과의 갈등 상황에서도 마찬가지였다. 극도의 불안을 느꼈지만 할 수 있는 일이 없었다. 오로지 남편의 마음이 편안해지길 바랐지만 돌아선 그의 마음은 쉽게 돌아오지 않았다.

하마터면 아내로만 살 뻔했다

통제력을 완전히 상실하자 무기력하고 우울한 나날이 계속되었다. 잘 먹지도 못해 체중이 눈에 띄게 줄었다. 그나마 직장에서는 사람들이 있으니 버텼지만, 집에 돌아오는 순간 긴긴 밤 불안 속에서 고통과 싸웠다. 회사를 안 가는 주말은 더 힘들었다. 친정에 가자니 내 상태를 들킬 것 같고, 친구를 만나자니 속 편하게 털어놓을 수 없었다.

이러다가는 정신마저 이상해질 것 같아 무작정 집을 나섰다. 간다고 나선 곳이 고작 서점이었다. 예전에도 힘들 때면 책장 가득 진열된 제목들을 읽으며 위로받곤 했다. 그때 눈에 띄는 책을 발견했다. 《당신의 삶은 누가 통제하는가》라는 제목이, 마치 말을 걸어오는 것 같았다. 내 삶을 스스로 통제할 수 있긴 한 것인지 반문하며 그 노란 책과 함께 돌아왔다. 이윽고 나는 이 책에서 통제력을 상실했을 때의 고통과 그 후의 바람직한 선택, 그 기준과 답을 얻었다.

드디어 남편과 마주하게 된 그날, 속을 터놓고 대화하면 예전처럼 금세 해결될 것이라고 믿었다. 대화를 못 해서 갈등이 곪아 터졌다고 생각했다. 하지만 남편은 이혼을 이야기했다. 나는 손이 덜덜 떨리고 얼굴이 사색이 되어 그 자리에서 얼어붙었다. 그 순간에 무너져 내리는 감정을 어떻게 내 의지로 통제하겠는가?

이처럼 외부 자극에 의해 어떤 감정과 행동이 순간적으로 일어나는 것은 분명 개인의 선택이 아니다. 의지로 억제할 수도 없다. 그러나 사건 발생 후는 다르다. 책에 따르면 사건이 발생한 시점에는 자신도 모르게 반응했을지라도, 사건 이후 우울하고 불안한 상태를 지속한다면 이는 스스로의 선택이다. 정신이 번쩍 들었다. 나는 특정 사건이 일어났기 때문에 여전히 괴로운 것이라고 믿었다. 당신 때문에, 당신이 나와 가정을 버렸기 때문에 내가 고통 받고 있다고 생각했다.

그 일은 분명 내게 엄청난 충격이었다. 그만 생각하자고 다짐했다가도 순식간에 억장이 무너졌다. 나의 생각과 감정을 통제할 수 없었다. 그렇게 불안과 우울, 무기력에 빠진 채 어쩔 도리가 없다며 괴로워했다.

∘ 비난, 통제력을 회복하기 위한 가장 파괴적 행동

결혼 후 남편은 예상보다 훨씬 가정적이었다. 친정 식구들도 잘 챙겼으며 나와 함께 많은 시간을 보내려고 노력했고, 덕분에 꿈같은 신혼을 보냈다.

늘 의사 표현을 분명히 하기보다는 그저 괜찮다던 남편은 대부분 나의 뜻을 따라 주었다. 나를 위한 배려였겠지만 나 역시 그가 원하는 것을 해 주고 싶었다. 하지만 표현을 안 하니 으레 남편의 의중을 짐작해서 그것이 내 뜻인 것처럼 말했다. 서로를 위해서였지만 잘못된 소통이었다. 어쩌면 우리는 점점 자신이 생각한 결혼생활과는 다른 현실에 상당한 괴리를 느끼고 있었는지도 모른다.

결국, 남편은 나를 비난하는 방향을 선택했다. 비난은 빈정거림, 비웃음 등의 형태로 나타나고 그 힘은 매우 파괴적이다. 그가 나를 밀어낼수록 나는 그에게 무가치한 존재임을 확인했고 점점 더 무기력해졌다.

같이 살며 생활 방식이나 생각은 부딪치더라도 마음이 돌아서리라고는 상상도 못 했다. 그 이유조차 알 수 없어 답답했다. 그런데 이 책을 읽으면서 조금이나마 그를 이해할 수 있었다.

추측건대 그는 신혼 초에는 잘해 보겠다는 마음으로 모든 것을 내게 맞춰 주려 애썼을 것이다. 남편은 기대 이상으로 모든 면에서 결혼생활을 완벽하게 소화하는 것 같았다. 하지만 자신도 처음엔 괜찮다고 생각했던 일이, 점차 통제력을 잃어간다고 느꼈을 것이다. 결국, 불만이 터지며 통제력을 되찾고자 가장 파괴력이 강한 분노와 비난을 선택했던 것은 아닐까? 그렇게 그의 분노와 발작의 원인을 짐작할 수 있었다.

◦ 통제할 수 있는 것은
오로지 자신뿐이다

우리는 보통 자신의 삶을 통제하기 위해 상대를 변화시키려고 한다. 나의 기준과 상대의 실제 모습을 끊임없이 비교하면서 상대를 내가 만든 틀에 맞게 바꾸기 위해 통제하려는 것이다. 불쑥 떠오르는 내 생각과 감정도 통제가 안 되는데, 어떻게 다른 사람을 통제할 수 있겠는가? 상대가 당장은 맞춰 줄지 몰라도 결국 통제에서 벗어나려고 할 것이다.

《당신의 삶은 누가 통제하는가》에는 25년 동안 함께한 남편에게 이혼을 당한 수잔의 이야기가 나온다. 그녀는 통제력을 다시 회복하기 위해 우울, 분노 등의 반응을 선택한다. 데이브와 수잔의 사례를 읽으며 우리 부부를 돌아봤다. 분명한 깨달음을 얻었다. 바로, 우리는 자신의 행동만 통제할 수 있고 그것에 집중해야 한다는 사실이다.

그렇다. 남편의 선택과 행동을 내가 통제할 수는 없었다. 타인의 선택에 전전긍긍하며 온 힘을 쏟아봤자 내 뜻대로 되는 것은 없다. 그가 나를 사랑하는 일도 미워하는 일도 그의 선택이다.

이런 상황에서 우리는 무엇을 할 수 있는가? 오로지 나 자신의 행동만을 통제할 수 있다. 그가 집에 들어오지 않는 동안 온갖 걱정과 불안 속에 무기력하게 있을 것이 아니라, 그 시간 나를 위한 행동을 선택하고 실천한다. 이것은 개인의 행복은 타인이 내게 어떻게 해 주냐가 아니라 자신에게 달렸다는 것과 일맥상통한다. 나는 남편이 잘해 주고 가정적일 때는 평화롭고 행복했지만, 남편이 나를 피하고 밀어낼 때는 한없이 고통스러웠다. 그는 점점 나의 통제를 벗어났고, 그럴수록 그의 말과 행동 하나하나에 일희일비했다. 내 안위와 행복 모두를 그의 손에 쥐어 주고 있었다.

그런 내게 이 책은 타인이 나를 대하는 말과 행동에 좌우되는 것을 그만두고, 내가 나로서 온전히 행복할 수 있어야 한다는 깨달음을 주었다. 내 안에 있는 고통과 행복, 그 모든 안위를 스스로 선택할 수 있으며 충분히 통제할 수 있다는 것을 배웠다. 그 사실은 나를 불안에서 벗어나게 해 주었다.

문득, 친구가 삶에서 '남편은 옵션'일 뿐이라고 한 말이 생각났다. 친구는 애처가로 알려진 남편을 두고 왜 그런 말을 했을까? 그때는 이혼은커녕 '남편이 곧 나'라고 생각했던 만큼 놀라움과 반감이 컸는데, 이제는 그 뜻을 알 것 같다.

내가 온전히 서 있을 때 남편도 있다. 남편 때문에 불행하고 행복한 것이 아니라, 내 행복은 스스로 선택하는 것이다. 그렇게 나는 다시 통제 가능한 삶에서 안정을 찾아갔다.

내 마음을 들여다보는 책

《당신의 삶은 누가 통제하는가》

윌리엄 글래서 지음, 김인자 옮김, 한국심리상담연구소, 2008

우리는 삶에서 통제력을 잃었을 때 고통을 느낀다. 이 책은 '통제'라는 거대한 뿌리 위에 '갈등, 불행, 중독, 비난' 등의 가지를 뻗어 무엇이 우리를 통제하고 행동하게 하는지, 또 자신의 욕구를 충족시키기 위해 얼마나 상대를 바꾸려고 했는지 깨닫게 해 준다. 나아가 책에서 제시하는 '선택이론'을 삶에 적용하여 문제를 해결한다면, 긍정적인 변화를 이룰 수 있을 것이다.

하마터면 아내로만 살 뻔했다

불안을 안아 주면 찾아오는 자유

° 자기 조절

살면서 이렇게까지 불안을 느낀 적이 있었을까? 시험을 망칠까 봐, 취업이 안 될까 봐 느꼈던 불안과는 차원이 달랐다. 인간관계, 그것도 가장 가깝다고 여겼던 남편과의 갈등으로 빚어진 불안이었기에 타격이 너무도 컸다.

혼자 남겨진 나는 밤이 깊어질수록 더 큰 불안에 휩싸였다. 미처 인지하기도 전에 시시때때로 불안이란 불길이 치솟았고, 그때마다 나는 어쩔 줄 몰랐다. 몸이 먼저 반응했다. 가슴이 쿵쾅거리고 얼굴이 달아오르고 몸은 뜨거워진 채 달달 떨렸다. 세포 구석구석까지 말라버리는 것 같았고, 날카로운 칼끝이 심장 깊숙한 곳까지 마구 찔러대는 듯했다.

불안이 극대화되어 숨쉬기가 곤란할 지경에 이르렀다. '호흡하자 호흡, 숨은 쉬어야 해'라고 되뇌며 겁먹은 아이처럼 바들바들 떨며 제발 살려달라고 외쳤다. 아무것도 할 수 없었고 어떻게 해야 벗어날 수 있는지 몰랐다. 불안이라는 화염 속에서 그저 무력해졌다. 그렇게 불안은 나를 잠식했고 한동안 내 주위를 공기처럼 에워싸고 있었다. 매일의 목표는 '오늘 밤을 살아내자'였다. 그렇게 하루하루를 간신히 살아냈다.

○ 불안에서 벗어나기 위한
   잘못된 몸부림

잠자리에 들 시간이면 점점 더 불안해졌다. 스탠드를 켜고 유튜브를 틀어 놓은 채 누웠다. 하지만 잔잔한 음악으로 진정될 불안이 아니었다. 밤이 깊어질수록 초조함과 걱정이 나를 집어삼켰다. 혼자 있을 때면 TV든 뭐든 종일 틀어 놓거나 눈이 충혈되도록 스마트폰 게임에 집중하려 애썼다.

이때 겪었던 불안은 '생존'과 직결되어 있었다. 매일 밤 처절하게 생존의 위협을 느꼈고 매일 아침 숨이 턱 막히는 공포와 함께 눈을 떴다. 이 지옥에서 벗어나고 싶었다. 이러다가는 미쳐버리거나 죽어버릴 것 같았다.

불안을 어떻게 다루고 대처해야 하는지, 나는 어김없이 책에

물었다. 그리고 《불안한 마음을 잠재우는 법》이란 책을 찾았다.

15년간 수많은 내담자들을 만나 온 저자에 따르면, 불안은 자기실현적 예언의 특성이 있어 걱정하는 대로 이루어진다고 한다. 그러니 일단 불안에서 벗어나려는 마음부터 내려놓으라고 했다. 하지만 생각만으로는 쉽지 않은 일이었다. '불안의 원인이 해결되지 않았는데 그것으로 괜찮아질 수 있을까?' 하는 의문이 들었다.

나름대로 괜찮은 하루를 보냈다고 생각할 때도 불쑥 불안이 올라왔다. 꿈속에서도, 아침에 눈을 뜨는 그 찰나에도 엄청난 불안감이 엄습해 거친 호흡을 내뱉기 일쑤였다. 내면의 불안이 커질수록 나의 에너지는 밖으로 향했다. 그때까지도 나는 이 상황을 극복하려면 외부에서 원인을 찾아 해결해야 한다고 생각했다. 하지만 불안은 외적인 것을 개선해서 해소될 감정이 아니었다.

◦ 불안에 잠식되지 않는
3가지 방법

책에는 내가 겪은 상황과 꽤 비슷한 사례들이 실려 있었다. 사랑하는 사람이 떠날까 봐 불안할 때, 손해 보고 상처받는 사람들에 대한 조언 등 구체적이고 다양한 사례가 제법 도움이 되었다. 불안을 잠재우는 일은 전문의인 저자에게도 쉽지 않은 일이라는 동질감을 느끼며 내 눈높이로 다시 바라볼 수 있었다.

이 책이 나에게 따끔하게 일러 준 사실이 있다. 기다리게 하는 사람에게 끌려 다니며 불안을 느끼다 보면, 나와 상대방이 동등한 관계라는 사실을 잊어버린 채 상대방에게 이리저리 휘둘리며 마음 졸이게 된다는 것이다. 이를테면 나는 남편이 돌아오기만을 애타게 기다리며 모든 주도권을 그에게 넘겨 주고 있었다.

정신이 번쩍 들었다. 더 이상 끌려다니지 않겠다고 다짐했고, 우리 관계가 끝이 날 수 있음을 받아들이기 시작했다. 그러자 나는 불안과 조금씩 거리를 둘 수 있었다.

"인간은 현상이 아니라, 현상에 대한 자신의 생각 때문에 불안해진다."

-에픽테토스

불안과 거리를 두는 첫 번째 방법은 '불안'과 '두려움'을 구분하는 것이다. 불안과 두려움은 무엇이 다를까? 내가 느낀 것은 분명, 불안이었다. 황시투안의 《모든 관계는 나에게 달려 있다》에서 그 차이점을 분명히 알 수 있었다.

결론부터 말하자면 두려움은 '현재의 위험'에 대한 것이고,

불안은 '미래'에 대한 것이다. 두려움은 어떤 위험한 상황에서 벗어날 수 없어 무력함을 느낄 때 생기기 때문에 그 위협이 사라지면 두려움도 사라진다. 일종의 생존을 위한 감정이다. 하지만 불안은 그 초점이 미래에 있다. 앞으로 생길 위협을 예측하며 보이는 반응으로 일종의 뇌 반응 메커니즘이라고 한다. 쉽게 말해 불안은 아직 일어나지 않은 일에 대한 두려움이다.

두 번째는 문제 상황에서 내가 해결할 수 있는 일과 없는 일을 나누어 보는 것이다. 마음을 차분히 가라앉히고 직접 써 보는 방법도 좋다. 종이를 세로로 반을 접어 왼쪽에는 내가 통제하거나 해결할 수 없는 것을 적는다. 오른쪽에는 당장 내 의지로 할 수 있는 행동을 적는다.

나는 왼쪽에는 남편의 귀가와 연락, 다정했던 예전의 모습으로 돌아가는 것 등을 적었다. 그리고 오른쪽에는 내가 지금 할 수 있는 일들을 썼다. 언제 남편에게 연락이 올지 휴대전화만 붙들고 있기보다 그 시간에 스스로 할 수 있는 일들이었다. 궁금하면 남편에게 몇 시쯤 귀가할지 메시지를 보낸 뒤 내 할 일 하기, 그래도 불안이 올라오면 감사 일기장을 펼치고 딱 다섯 줄만 쓰기, 아무 것도 못 하겠으면 운동화를 신고 숨이 찰 만큼 빠르게 계단 오르기 등을 적었다.

왼쪽은 술술 써 내려가도 오른쪽은 채우기 힘들지도 모른다.

하지만 양쪽을 다 채우고 나면 보일 것이다. 그동안 해결할 수 없는 영역에만 매달리며 엄청난 에너지를 소모하고 있었다는 사실을 말이다. 이를 자각하고 난 뒤, 내가 해결할 수 있는 문제에 대해서는 조금씩 주도권을 찾아갔다. 이렇게 자각하는 것만으로도 불안은 줄어들 수 있다.

이시하라 가즈코의 《나는 왜 참으려고만 할까?》에 따르면, 불안에는 반드시 불안해지는 이유가 있다고 한다. 그 원인을 그때그때 해소하지 못하다 보면 '막연하게 불안에 시달리는 상태'가 되고, 그 불안이 정착되면 부정적인 생각이 부정적인 감정을 만들어 내는 악순환이 계속된다.

나는 남편의 귀가가 많이 늦어질 때면 온갖 상상의 나래를 펼치며 불안을 키웠다. 하지만 상상은 일어난 일이 아니다. '사실'은 남편이 아직 귀가하지 않았다는 것뿐이다. 나는 상상을 멈추고 현재 할 수 있는 일에 집중하기로 했다. 남편을 하염없이 기다리기보다는 주의를 돌릴 만한 행동을 찾기 시작했다. 다 읽은 책을 모아 나눔하기, 화장대 서랍 한 칸 정리하기, 감사 일기 다섯 문장 쓰기, 나의 장점 세 가지 찾아 적기, 17층까지 계단 오르기, 공원 한 바퀴 돌며 걸음 수 세기, 하루 한 명에게 안부 연락하기, 한 페이지 필사하기와 같은 것이다. 아주 작은 일부터 조금씩 행동으로 옮기며 확장해 나갔다. 상상으로 빚어낸 두려운 미래와 직면하고 그것을 구체화하면 불안은 자

하마터면 아내로만 살 뻔했다

연스럽게 줄어든다.

마지막으로 나는 이 모든 것을 바탕으로 불안의 메커니즘 mechanism을 파악하기 시작했다. 내가 언제 불안을 느끼는지, 어떤 단어에 반사적으로 반응하는지 관찰하고 기록했다. 가장 오랜 기간 그리고 버튼을 누르듯 즉각 반응했던 것은 '외박'이 었다. 남편에게서 근처 친구 집에서 자고 바로 출근하겠다는 연락을 받을 때도 여전히 불안감이 올라왔다. 그 과정을 적었다. 상황, 사실과 생각, 그 순간 나의 반응과 이후의 상태를 상세히 적었다.

기록들이 모이자 하나의 메커니즘으로 인식되었다. 불안이 내 안에서 일어나는 구조가 한 눈에 보였다. '외박'이라는 말을 듣는 순간, 이 구조가 떠올랐다. 이것은 앞으로 내가 느낄 감정과 반응을 예측할 수 있는 효과가 있었다. 더는 막연하게 느끼는 불안이 아니었다.

◦ 불안을 피할 수는 없어도 다룰 순 있다

어느새 나는 불안 앞에서 어찌할 줄 모르며 벗어나려고 발버둥치던 것을 멈추고, 조금은 편안하게 불안을 흘려보낼 수 있게 되었다. 여전히 불안을 느낄 때면 괴롭다. 불안은 폭발력이

어마어마해서 눈 깜짝할 사이 걷잡을 수 없이 커지기도 한다. 그러나 예전처럼 불안에 잠식당하진 않는다.

그것만으로도 숨통이 트였다. 꽤 오랜 시간이 걸렸지만, 남편이 집에 오든 말든 상관없이 잠을 청할 수 있게 되었다. 남편에 대한 마음을 거두어서가 아니다. 스스로 끊임없이 만들어내던 불안한 상상을 그만두고, 지금 당장 내가 할 수 있는 행동에 관심을 쏟을 수 있게 되었기 때문이다.

그러다 문득 전보다 편안해진 나를 발견했다. 그토록 뜨겁고 거대했던 불안이 언제 사라졌는지 모르겠다. 때때로 불안이 올라오면, 이제는 두려움에 떨며 밀어내지 않는다. '불안이 찾아왔구나' 하며 마주하고 충분히 느껴 주고 안아 주면 더 커지지 않고 사라졌다.

불안은 극복의 대상이 아니라 조절의 대상이라는 말을 처음 들었을 땐 비웃었다. '조절할 수 있다면 내가 이렇게 힘들겠어? 내 마음대로 안 되는데 어떻게 조절해?'라고 생각했다. 하지만 지금은 조금 알 것 같다. 불안의 메커니즘을 인식하면서 나의 시야는 넓어졌고, 마음과 생각에도 영향을 미쳤다. 불안은 억지로 피하거나 억누를 수 없는 감정이다. 하지만 우리는 그것을 다루는 방법을 배울 수 있다.

내 마음을 들여다보는 책

《불안한 마음을 잠재우는 법》

하주원 지음, 빌리버튼, 2020

우리는 살면서 크고 작은 불안을 수시로 느낀다. 이유 없이 그냥 불안이 엄습할 때
도 있고 공황장애, 범불안장애와 같이 치료가 필요한 불안도 있다. 불안은 억누르
거나 없애려고 하기보단 잘 달래어 다룰 줄 아는 지혜가 필요하다. 이 책을 통해 불
안이 우리를 찾아오는 다양한 이유와 모습을 알아보고, 의미 없는 불안에서 벗어
나길 바란다.

감정을 자각하면
관점이 넓어진다

"꿈의 목적은 그 내용 뒤에 남는 감정에 있다."

-알프레드 아들러

성인이 된 지금도 꿈을 자주 꾼다. 꿈에 대한 기억 없이 잠을 푹 잔 날을 손에 꼽을 정도다. 어쩌면 무심코 지나쳤던 일상의 부스러기가 무의식에 남아 꿈에서 모습을 드러내는 것인지도 모르겠다.

갈등의 불길이 잦아들 듯 말 듯 하던 때는 꿈을 더 자주, 길게 꿨다. 무엇보다 꿈에서 깨어날 때 고통스러웠다. 대부분 생존을 위해 싸우고 버티는 꿈이었다. 죽을힘을 다해 도망치거나 죽일 듯이 싸웠다. 혹은 가슴 찢어지는 고통을 느끼며 자면서도 흐느꼈다. 간혹 영화를 보고 난 것처럼 꿈이 생생하게 기억날 때도 있었지만 대부분은 꿈에 대한 기억보다 꿈에서의 감정만 진하게 남았다. 마침 베스트셀러로 올라 있던 판타지 소설 《달러구트 꿈 백화점》을 읽었다. 꿈을 사고판다는 설정도 신기했지만, 꿈마다 목적과 이유가 있다는 것이 나의 꿈을 돌아보게 했다.

◦ 꿈속 감정이
현실까지 전이될 때

칠흑 속에 갇혀 있다가 심리학을 공부하며 조금씩 세상 밖으로 걸어 나오고 있던 시기였다. 꿈에 뜬금없이 악어 떼가 나타났다. 배경은 사람이 많은 번화가였다. 주변이 제법 번잡하고 시끄러운 것 같은데 내게는 아무것도 들리지 않았다. 적막이 온몸을 감쌌다. 나는 3층짜리 건물 밖에 있는 철제 계단에 줄을 서 있었다. 앞사람이 하얀 문을 열고 나왔다. 내 차례인가 보다 싶어 조심스럽게 문을 열고 들어갔다. 단칸짜리 공중화장실이었다. 외벽이 온통 유리였는데 밖에선 안이 전혀 보이지 않고 안에서만 밖이 훤히 보이는 신기한 구조였다.

의심쩍은 마음으로 두리번거리는데 순간 발밑에 둔탁한 감각이 느껴졌다. 1미터 남짓 되는 악어 한 마리가 내 발을 지나치고 있었다.

'이 좁은 화장실에 악어와 함께라니…' 하는 생각에 순간 엄청난 공포가 밀려왔다. 그때 그 녀석과 눈이 마주쳤다. 목구멍이 턱 막힌 듯 목소리가 나오지 않았다. 구석에서 한동안 숨죽인 채 그 녀석만 주시했다. 밖을 보니 이곳이 정말 안 보이는지 다들 스마트폰만 들여다보고 있었다. 아무도 도와줄 사람이 없다는 사실을 깨닫는 순간 불안감이 증폭됐다.

동시에 악어를 어떻게든 내보내겠다고, 반드시 그렇게 하리라는 생각이 강하게 일었다. 최대한 발이 땅에 닿지 않은 자세로 발을 휘둘렀다. 순식간에 물릴까 봐 두렵기도 했지만, 악어는 쓰윽 돌아보더니 관심 없다는 듯 문 쪽으로 기어갔다. 나는 안심하며 상체만 기울여 간신히 팔을 뻗었다. 안간힘을 쓴 끝에 문을 열었다. 좁은 틈이었지만 내보낼 수 있을 것 같았다. 나는 용기를 내어 악어를 툭툭 밀어냈다. 그렇게 악어의 꼬리가 밖으로 빠져나가자마자 황급히 문을 걸어 잠갔다. 그리고 나의 시선이 다시 광장으로 향하는 순간, 두 눈이 번쩍 뜨였다. 몸이 움찔하며 꿈에서 깨어났다.

'갑자기 무슨 악어? 이게 무슨 의미지?'

최근에 악어를 본 적도 생각한 적도 없던 나는 갸우뚱하며 일단 놀란 가슴부터 진정시켰다. 꿈이었지만 불안과 공포가

하마터면 아내로만 살 뻔했다

아주 잠깐 머물렀다 사라진 순간을 생생히 느꼈다. 내가 이 상황을 극복할 수 있다고 생각하자 그 순간 불안감이 차분하게 가라앉았던 찰나를 기억했다. 그 좁은 화장실 안에서 마치 현실인 것처럼 감정의 변화를 느꼈고, 꿈에서 깨어난 뒤에도 한동안 선명하게 이어졌다.

만약 꿈에서 반복적으로 고통을 겪고 있다면 그것은 어쩌면 무의식이 보내는 신호일지 모른다. 나는 악어 꿈에서 내 무의식을 관찰해 보기로 했다. 악어 꿈이 길몽인지 흉몽인지는 상관없었다. 꿈에서의 나의 행동, 생각, 느낌이 의미하는 바를 알아내는 것이 중요했다. 우선 나는 현실과 마찬가지로 꿈에서도 긴장 상태에 있었다. 나를 위협하는 대상이 '악어'로 나타났고, 처음엔 두려웠지만 조금씩 용기를 냈다.

나는 고통 속에서 심리학, 명상 등의 도움을 받아 조금씩 다시 일어서는 중이었다. 용기를 내고는 있지만, 아직 두려움이 남아 있었고 쭈뼛하면서도 한 걸음씩 나아가고 있었다. 꿈속의 나는 악어를 정면으로 마주했다. 그리고 극복할 수 있다고 마음먹자 불안이 순식간에 잦아들었다. 그 느낌은 깨어난 뒤에도 선명했다. 그리고 끝내 악어를 밖으로 내보냈고 안도했다.

현실 속 나와 견주어 보았다. 내가 앞으로 조금씩 나아갈 수 있었던 것은 기필코 이 악순환을 끊어버리겠다고 마음먹었기 때문이다. 그리고 실제로 그 이후부터 조금씩 활력이 생겼고 불안이 줄어들었다. 잃어버렸던 자존감과 자신감도 점차 되찾기 시작했다.

∘ 의식을 관찰하면 무의식을 바꿀 수 있다

클래스케이의《THE MASTER 마스터》에서는 '마음은 95퍼센트의 무의식 프로그램과 5퍼센트의 현재 의식으로 이루어져 있다'고 한다. 일반적인 생각보다 무의식이 차지하는 비율이 압도적이라는 사실에 놀랐다. 인간이 행동하고 반응하는 대부분이 사실은 무의식에 달렸다는 사실을 쉽게 받아들이기 어려웠다.

또한 무의식 프로그램은 7세 이전에 완성되는데, 68퍼센트가 부정적이라고 한다. 이런 이유로 무의식 프로그램이 반복적으로 작동할수록 부정적인 주파수를 끌어당기고, 현실은 더 고통스러워진다. 저자는 이것을 멈출 수 있는 유일한 방법으로 '의식을 관찰하는 것'을 제시한다.

인간은 무의식 프로그램을 어떻게 알아차릴 수 있을까? 대부분의 감정은 무의식중 일어나고, 이는 비슷한 상황을 겪을 때마다 자동 재생된다. 따라서 무의식 프로그램은 바로 '감정'이 일어날 때 알아차릴 수 있다. 우리가 생각하고 느끼는 모든 것이 무의식에 저장되어 하나의 프로그램을 만들어 내기 때문이다. 내가 꿈속에서 느꼈던 감정은 두려움, 불안, 공포, 안도였다. 그 감정을 자각하고서야 그때의 내 생각과 감정의 변화를 관찰할 수 있었다.

이번엔 반복적인 감정이 올라오던 순간을 떠올려 봤다. 남편의 외박, 그것이 예상되는 순간부터 가슴이 뛰고 몸에 열이 올랐다. 내 상태가 제법 괜찮을 때도, 남편과의 사이가 좋을 때도 같은 상황이 생길 때면 예전과 같은 감정이 올라왔고 몸도 자동으로 반응했다. 이는 초반의 내 감정과 몸의 반응이 반복되며 하나의 무의식 프로그램으로 저장되었기 때문이다.

이 프로그램을 바꾸는 데는 제법 시간과 노력이 필요했다. 올라오는 감정이 아프고 두렵더라도 외면하거나 억누르지 않았다.

'불안한 마음이 올라왔구나, 매우 두렵구나'라고 감정을 알아차려 주면 미쳐 날뛰려던 격한 감정도 순한 양이 되어버린다.

그리고 '감정 일기'라 이름 붙인 노트를 하나 마련했다. 사건, 생각, 감정과 그 반응까지 상세히 기록했다. 한 달을 꼬박 작성하는 동안 의식적으로 나를 관찰하는 데 집중하자 감정이 올라오는 순간 알아차리고 관찰하는 습관이 생겼다. 그러자 기존의 무의식 프로그램이 조금씩 변하기 시작했다.

감정 일기에 정해진 형식이나 방법은 없다. 핵심은 내가 겪은 사건을 적고, 그때의 감정과 생각, 반응을 기록하면서 한 발짝 떨어져서 나를 관찰하는 것이다. 시행착오를 겪는 것은 자연스럽고 당연한 일이니 두려워하지 말고 단 한 두 줄이라도 기록해 보자. 감정 일기는 다음과 같이 써 볼 수 있다.

1. 날짜를 적고 핵심 키워드를 해시태그(#)를 붙여 적는다.
2. 사건: 하루 중 나에게 강한 감정을 일으켰던 사건(상황)을 적는다.
3. 생각: 그 상황에서 했던 나의 생각을 적는다.
4. 감정(반응): 그 순간 올라온 감정과 신체 반응을 적는다. 처음에는 감정과 생각이 마구 뒤섞일 것이다. 하지만 이 둘을 의식적으로 분리하여 적어 보자. 이 연습을 꾸준히 하다 보면 어떤 상황에서든 생각과 감정을 분리시켜 감정적 반응을 키우지 않고 빠르게 안정을 찾을 수 있다.
5. 행동: 벌어진 상황 속에서 내가 한 행동을 적는다. 나중에 예전의 기록을 살펴보면 그때와 확연하게 달라진 자신을 발견할 수 있을 것이다.
6. 결과: 사건부터 행동까지를 기록하며 알아차리거나 깨달은 생각을 적는다. 이는 나를 객관적으로 바라볼 수 있게 도와준다.

하마터면 아내로만 살 뻔했다

감정 일기 예시

날짜	11월 6일 #불안감 #분노	11월 18일 #NO불안 #뿌듯	11월 31일 #짜증 #순간의 전환
사건	·자정, 남편이 전화를 안 받음 ·이후 상사와 이야기 중이었다며 곧 간다는 메시지 받음	·아침에 눈 떴을 때 처음으로 불안이 올라오지 않음	·출근길 지하철에서 누군가 나를 밀치고 먼저 탔음
생각	·무슨 일이지? 하는 온갖 생각이 올라옴 ·그랬구나 싶으면서도 잠깐 받을 수는 없었을까 생각함. 이후에 설명해 준 것에 고마움을 느낌	·어젯밤 명상을 해서 그런 것일까 생각함 ·명상으로 나를 정화한 일이 조금씩 변화를 보이는 것 같다고 생각함	·'어쩜 저렇게 무례하지?'라고 생각함 ·'많이 급했나? 여전히 얼굴을 찌푸리고 있네? 마음이 괴로운 사람이구나'라고 생각함
감정 (반응)	·불안감, 얼굴 붉어짐 ·안도, 고마움, 섭섭함, 평온을 되찾음	·놀라움, 뿌듯함, 편안함, 의아함, 감사함	·짜증, 화 ·연민이 생기자 이내 짜증이 사라짐
행동	·무슨 상황이냐고 메시지 남긴 이후 호흡에 집중함 ·상황을 설명해 줘서 고맙다며 조심히 오라고 답장함	·생각의 변화를 자각하고 기록함	·순간 흘겨봤다가 생각이 전환되며 시선을 거둠
결과	·불안감을 알아차림 상황을 설명 듣자 안정을 되찾는 내 모습을 발견함 ·다음에는 불안해하지 말자고 다짐	·최초의 변화 ·긍정적 신호	·순간의 감정을 알아차리고 생각의 전환이 빠르게 이뤄짐

살다 보면 찰나의 순간으로도 감정이 무의식 깊숙이 자리잡는 경험을 한다. 한번 프로그래밍이 된 무의식은 알아차리기도 바꾸기도 쉽지 않다. 어릴 때부터 형성된 오래된 무의식 프

로그램은 더욱 그러하다. 하지만 내 경험에 비추어 볼 때 충분히 바꿀 수 있다. 그 변화는 외부 자극이 아닌 나의 내면에 의식을 집중하고 끊임없이 관찰하는 것에서 시작된다. 그래서 정화가 필요하다.

내 마음을 들여다보는 책

《THE MASTER 마스터》

클래스케이 지음, 케이미라클모닝, 2021

마스터란 '삶의 모든 것을 깨달은 자'를 뜻한다. 이 책은 내면에 잠든 마스터를 깨워 현실을 창조하는 방법을 담은, 더 풍요로운 삶을 위한 바이블이다. 특히 '감정 풀기 작업'을 왜 해야 하고 어떤 작업이며 어떻게 하면 되는지 상세히 설명한다. 함께 구성된 정화 노트에 한 문장씩 쓰며 연습해 볼 수 있다.

나는 어떤 자극에 예민할까?

° 감정

감정을 잘 숨기지 못하는 사람들이 있다. 나 역시도 그렇다. 하늘에 떠 있는 구름을 보고 상상의 나래를 펼치며 아이처럼 좋아하기도 하고, 작은 것에 쉽게 눈물을 쏟기도 하며 불편한 기색을 잘 감추지 못한다. 스스로 알아차리기도 전에 감정이 얼굴에 드러난다. 반면 남편은 감정을 드러내지 않는 일에 능한 편이다. 나는 어릴 적부터 감정을 표현하고 그것이 받아들여지는 것에 익숙했고 그는 감정을 억누르는 것에 익숙했다.

"별이 보이는 게 그렇게 감탄할 일이야?"

남편은 별거 아닌 일에 기뻐하고 설레하는 나를 마냥 신기해

했고, 때론 포커페이스가 너무 안 된다고 염려하기도 했다.

문득 감정의 정체가 궁금해졌다. 감정이란 우리의 의지와 다르게 불쑥 올라오고, 때론 격해지는 감정을 주체하지 못하기도 한다. 나의 경우 왈칵 쏟아지는 울음을 참기 어렵다. 내 의지와 다르게 눈물이 흘러 당황스러울 때도 있다. 감정은 왜 존재할까? 감정은 드러내야 할까 참아야 할까?

◦ 억눌러 놓은 감정은 언젠가 폭발한다

우리가 살면서 감정을 느끼고 다루는 법에 대해 배운 적이 있던가? 하버드대학교는 성공에 영향을 미치는 요소로 지식이나 실력은 15퍼센트인데 반해 감정은 무려 80퍼센트나 관련 있다는 연구 결과를 발표한 바 있다. 그래서 특히 '감정 수업'을 중요시하는데, 버락 오바마Barack Obama, 존 F. 케네디John F. Kennedy, 마크 저커버그Mark Zuckerberg 모두 이 수업을 들었다고 한다. 우리가 순간 느끼고 지나쳐버린 감정은 사실 이렇게나 중요하다.

실제로 감정은 원초적으로는 생존과 직결되어 있다. 위험한 상황에서 두려움, 공포와 같은 감정을 느끼면 우리는 행동하게

하마터면 아내로만 살 뻔했다

되고 위험으로부터 멀어진다. 이런 순기능에도 감정은 대부분 부정적인 것이 먼저 떠오른다. 실제로 서울대학교 심리학과 연구에 따르면 감정을 표현하는 430여 개의 단어 가운데 기쁨을 표현하는 단어는 30퍼센트인데 반해, 분노와 같이 불쾌를 표현하는 단어는 무려 70퍼센트라고 한다.

우리는 그 부정적인 감정을 참아야 한다고 배웠다. '산타 할아버지는 우는 아이에겐 선물을 안 주신대'라는 가사만 봐도 그렇다. 특히 한국 사회에서 남자들은 울면 안 된다는 얘길 참 많이 듣고 자란다.

하지만 앞서 말했듯 이렇게 끊임없이 감정을 억누르면 결국 그 감정이 나를 공격해 내 몸을 해친다. 모든 감정에는 각자 기능이 있을 뿐, 좋고 나쁨은 없다. 감정이 건강하게 잘 흘러가도록 할 때 비로소 다른 사람의 감정 또한 있는 그대로 수용할 수 있다.

어린 조카를 데리고 놀이터에 간 적 있다. 조카는 다른 친구와 어울려 뛰놀다가 친구가 밀치는 바람에 넘어졌다. 그리고 "나 쟤랑 안 놀아!" 하며 토라진 것도 잠시 금세 손 붙잡고 함께 놀았다.

어릴 때는 감정을 잘 흘려보낸다. 순간 화를 내며 토라졌다가도 언제 그랬냐는 듯 금방 신나게 같이 논다. 하지만 어른이 되면서 감정은 흘러가지 못하고 엉겨 붙는다. 순간 꾹 참고 괜찮은 척하는 모습이 어른답다고 생각한다. 우리가 한 번도 감정에 대해 배우지도 생각해 보지도 않았기 때문이다.

감정을 잘 참아내고 겉으로 드러내지 않는 것이 과연 감정을 잘 다루는 방법일까? 이렇게 억눌린 감정이 제일 위험하다. 외면한 감정은 점점 무의식 깊숙이 가라앉는다. 그리고 이것은 언젠가 크게 폭발한다. 감정을 모르는 체하며 눌러두는 것은 시한폭탄을 안고 있는 일과 다름없다.

○ 감정을 잘 다룰 수 있는 첫 번째 방법, 알아차리기

우리는 분노, 우울과 같은 감정은 나쁘다고 생각해 더 참거나 드러내지 않는 경향이 있다. 임상·상담심리학 박사인 변지영의 《내가 좋은 날보다 싫은 날이 많았습니다》에서는 '감정이 아니라 감정에 대한 태도가 문제'라고 말한다. 많은 사람이 부정적인 감정에 사로잡힐 때면, 그 감정을 피하려고 게임이나 유튜브에 열중한다. 적어도 그렇게 정신이 팔려있는 동안은 감정을 느끼지 않기 때문이다. 하지만 분명한 것은 그 순간 외면한다고 감정이 사라지거나 해소되지 않는다. 오히려 오래 묵힐수록 단단하게 굳어져 풀어내기 어려워진다.

하마터면 아내로만 살 뻔했다

그럼 감정을 어떻게 다루어야 할까? 먼저 감정이 올라오면 저항하지 않고 허용해 주는 것이 중요하다. 무조건 참거나 억누르지 않는다. '지금 화가 났구나, 내가 지금 불안하구나' 하고 내 감정을 알아차려 줘야 한다. 이렇게 감정을 관찰하고 말로 표현하면 내 감정을 스스로 인정하는 동시에 나와 감정을 분리해서 객관적으로 바라볼 수 있다. 이 과정은 곧 내 마음에 주의를 기울이는 것이고 결국 감정을 조절할 수 있게 해 준다.

◦ 지피지기면 백전백승, 감정 패턴

감정을 알아차릴 수 있다면 다음은 자신의 감정 패턴을 알아야 한다.

감당하기 어려운 불안이나 공포 같은 감정은 솔직한 데다 치고 올라오는 힘이 어마어마하다. 무섭게 올라오는 불안을 당장 어떻게 하지 않으면 큰일 날 것 같고, 몰아치는 감정에 잠식될 것 같은 상태에 놓인다.

어떻게 해야 할지 몰라 허둥댈수록 감정은 더 커진다. 결국, 항복한 채 무기력과 우울함에 빠지기도 한다. 나중에는 비슷한 상황에만 놓여도 반사적으로 가슴이 뛰고 불안했던 당시의 증상이 나타난다. 이 패턴을 깨기 위해서는 그때 미처 흘려보내지 못했던 감정, 트라우마가 되어버린 나만의 감정 패턴을 알아야 한다.

라라 E.필딩의 《홀로서기 심리학》에서 그 방법을 알려 준다. 우선 자신이 언제 어떤 상황에서 불안이 올라오고, 그때의 생각과 감정, 신체 변화, 그리고 어떤 행동 충동이 나타나는지 관찰한다. 나는 남편과 귀가 문제로 갈등을 겪었을 때가 떠올랐다.

나는 통제 불가능한 상황에서 점점 무력감을 느꼈다. 그가 나를 떠날 것이라는 두려움도 있었다. 감정은 도화선에 불을 붙이듯 순간 타오르면 걷잡을 수 없이 커졌다. 심할 땐 몸이 떨리며 숨 쉬는 것조차 힘든 신체 변화가 나타났다.

그를 만나서 무엇이든 얘기하고 싶은 마음이 간절했다. 도대체 왜 이러는지 묻고 싶었지만, 칼자루는 남편 손에 들려있었다. 기다림의 시간이 길어질수록 무력감과 우울함이 내 안을 파고들었다.

이때 나의 행동 충동은 두 가지로 나타났다. 먼저 모든 것을 내려놓았다. 그에게 어떤 기대도 하지 않고 그저 살아있음에 감사하자는 생각에 다다랐다. 아무런 의욕도 의지도 없었다. 그러면서 한편으로는 그가 정말 떠날까 봐 두려워 어떤 공격과 비난에도 무조건 내가 잘못했다며 사과했다. 이것이 남편의 '외박'에 대해 내가 보인 감정 패턴이었다.

하마터면 아내로만 살 뻔했다

《홀로서기 심리학》에 따르면 감정 패턴을 알아차린 다음은 통제할 수 있는 것과 없는 것을 구분하라고 한다. 그러기 위해서는 관찰자적 관점이 필요했다. 남편의 행동은 내가 통제할 수 없는 부분이었다. 하지만 나는 그의 행동 결과에 나를 맡긴 채 마구 휘둘리고 있었다.

관찰자가 되어 감정과 생각이 올라오면 그것을 알아차리고 있는 그대로 인정해 주었다. 그렇게 가만히 바라보는 연습을 하자 외부 자극에 반응하는 나의 민감도가 조금씩 떨어졌다. 신기하게도 내가 통제할 수 있는 일에 집중할수록 무의식적으로 일어나는 감정 패턴에서 벗어날 수 있었다. 그리고 연습을 거쳐 나의 감정을 건강하게 다룰 수 있게 되자, 상대의 반응도 조금씩 변하기 시작했다. 무엇보다도 이런 변화는 내가 통제 가능한 상황에 있다는 안도감을 주었다.

◦ 감정의 손아귀에서 벗어나 내 손바닥 위에 두자

삶 전체가 찢겨 나가는 고통을 겪고서야 내 감정을 살필 수 있었다. 그렇게 감정을 객관적으로 바라보는 법을 배우며 한 가지 깨달은 사실이 있다. 그전까지 나는 '상대가 나에게 이렇게 말했고 이런 행동을 했기 때문'이라며 감정이 일어난 원인과 책임을 상대에게 두었다. 그러다 보니 상대의 말 한마디, 행동 하나에 내 감정과 반응이 좌지우지되었다. 결국, 내 의지와 상관없이 상대방에게 휘둘렸고 이것은 나를 나락으로 떨어뜨렸다. "당신이 나한테 어떻게 그래?"라는 말을 수없이 했던 것 같다. 이런 패턴이 반복되다 보니 심적으로 무력해졌다. 나중에는 나를 지키려는 방어기제로 분노가 일어났다.

하지만 감정은 내가 사건과 상황을 어떻게 바라보고 해석하느냐에 따라 달라질 수 있다. 즉, 나의 관점이 어떠하냐에 따라 감정은 달라진다. 가령 절친한 친구가 내게 모진 말을 쏟아냈다고 하자. 그 순간 '얘가 나를 공격하는구나? 나한테 어떻게 그렇게 말할 수가 있어?'라고 생각할 수도 있지만 '요즘 많이 힘들어하더니 좀 예민하구나'라고 생각할 수도 있다. 이 둘은 각각 다른 감정을 일으킨다.

나의 감정을 다루는 법을 알고 나니 감정이 일어나는 순간 알아차리고 한 발짝 물러나 반응할 수 있게 되었다. 나아가 오래전 그저 괜찮다며 무의식에 묵혀 둔 감정은 거울명상을 통해 조금씩 풀어나갔다. 감정을 비워낼수록 가볍고 자유로워지는 것을 느낀다. 그리고 그 비워진 공간에 감사와 설렘이 깃들고 있다.

　　　　　　하마터면 아내로만 살 뻔했다

내 마음을 들여다보는 책

《홀로서기 심리학》

라라 E. 필딩 지음, 이지민 옮김, 메이븐, 2020

이 책은 어떤 상황에서도 삶의 주도권을 놓지 않고 홀로 설 수 있는 진짜 어른이 되고 싶은 사람들의 필독서이다. 여기서 홀로 선다는 것은 경제적 독립이 아니다. 주체성을 가지고 자기 힘으로 바꿀 수 있는 것에 집중하며 주도적으로 선택하고 행동하는 것이다. 내면이 단단해지고 더 이상 타인의 평가나 순간적인 감정에 휘둘리지 않고 세상을 객관적으로 바라볼 수 있다면, 인간관계는 유연해지고 삶은 풍요로워질 것이다.

고통이 성장의
원동력이 되려면

'모든 고통에는 이유가 있다.'

폭풍우가 몰아치듯 한차례 고난을 겪고 나서 일기장에 적어 둔 문장이다. 내 인생에 이렇게 힘들었던 적이 또 있었을까? 오죽했으면 스무 살, 하루아침에 아버지를 여의었던 그때의 고통을 차라리 다시 겪겠다고 기도했다.

° 고통은 늘
예고 없이 찾아온다

나의 20대도 순탄치만은 않았다. 하지만 어떤 역경이든 견뎌냈고 견뎌 낼 자신이 있었다. 곁엔 나를 지지하고 사랑하는 사람들이 있었기 때문이다. 하지만 이번은 달랐다. 서로 애틋했던 배우자에게 영문도 모른 채 존재를 부정당하는 경험은, 그 어떤 것보다 고통스러웠다. 나밖에 모른다며 변함없는 사랑을 약속했던 남편이었다. 부부의 연을 이렇게 가볍게 끊어 낼 사람이었나? 내가 그런 존재였던 것일까?

이혼 얘길 듣고 돌아오던 날, 밤새 주먹으로 가슴을 쳐대며 울었다. 그러지 않으면 숨을 쉴 수 없을 것 같았다. 혼자 있기 힘들어 안절부절못했다. 차라리 죽어버리고 싶었다. 공황장애가 이런 느낌일까? 도통 무슨 일이 벌어졌는지 정신이 반쯤 나가 있었다. 불안과 우울, 고통 속에서 하루하루 말라갔다. 혼란, 자책 등 온갖 부정적인 감정이 최대치로 올라왔다. 견디고 기다리는 시간이 길어질수록 스스로 어떻게 해결할 방법이 없다는 사실이 나를 무기력하게 했다. 그렇게 캄캄한 지하로 한없이 추락했다.

"인생에서 가장 고통스러운 순간은 함께할 사람 앞에서 자신이 아무런 쓸모없는 사람처럼 느껴질 때이다."

- 《모든 관계는 나에게 달려 있다》 중에서

왜 나에게 이런 일이 일어났을까? 수없이 질문해 보았다. 임신한 시기 남편은 더 바빠졌고 함께할 수 있는 시간은 줄었지만, 각자의 위치에서 서로가 최선을 다했다. 모든 것이 괜찮았다. 하지만 기다림과 믿음을 배신과 좌절로 돌려받았다. 그런데도 나는 모든 것을 꾹 참으며 남편을 붙잡았고 마침내 우리는 어렵게 관계를 다시 회복해 보기로 했다.

하지만 그것도 잠시, 또다시 우리 부부 사이에 그 여자가 튀어나왔다. 남편의 열려 있는 가방에서 분홍색 편지 봉투가 보였다. 그 여자였다. 처음엔 '받을 수도 있지' 하고 애써 생각했다. 하지만 내내 신경 쓰였고 악몽에 시달렸다. 한 달 뒤 결국 남편의 가방을 열었다. 그 여자가 쓴 장문의 편지를 읽기 시작했다. 그 순간 내가 견뎌 온 그 모진 시간과 그럼에도 남편을 사랑했던 마음이 한순간 증발했다. 그 자리를 뜨거운 용광로 같은 분노가 단번에 삼켜버렸다. 내 머릿속을 가득 채운 것은 오로지 '이혼', 하루빨리 끝장낼 생각뿐이었다.

편지를 본 순간 손은 덜덜 떨렸고 심장은 요동쳤으며 얼굴은 사색이 되었다. 온몸에 신경 하나 근육 하나도 내 의지대로 움직일 수 없었다. 집을 나와 혼이 반쯤 나간 채 택시를 잡아 친정에 갔다. 남편은 갑자기 달라진 내 태도를 이상하게 생각하다가 편지를 봤냐고 물었다. 그는 해명하면 될 일이라고 대수롭지 않게 생각했다. 그 편지를 본 내가 어떤 심정이었을지는 감히 상상도 못 했다.

"당신 말이 사실이라면, 당신과 함께한 모든 순간을 시시콜콜 적어놓은 이 편지는 어떻게 설명할래?"

읽을수록 눈이 뒤집히는 내용이 낱낱이 쓰여 있었다. 결국, 모든 것이 끝났다고 생각했고 이혼을 선언했다. 분노는 이제 그의 것이 아니었다. 나의 분노는 모든 것을 잿더미로 만들고도 꺼지지 않을 만큼 강력했다. 앞뒤 안 가리고 앞으로만 돌진하게 했다.

법대로 하는 것은 내 전공이었다. 결혼식을 3개월 남겨 놓고 웨딩 업체 대표가 돈을 들고 도망간 일이 있었다. 이때 나는 혼자 사기죄 조항을 찾아 구성요건을 갖춰 가며 고소장을 썼다. 1년 뒤 재판이 잡혔고, 차용증을 쓰자며 시간을 벌려던 대표에게 결국 전액을 돌려받고 고소 취하서를 써 주었다. 이번에도 공부를 시작했다. 법 조문부터 인터넷, 유튜브를 찾아 분노 지수만큼 폭발적으로 공부했다. 마지막으로 변호사를 찾아갔다. 편지 내용이 매우 구체적이어서 증거자료로 충분하다는 확인을 받았다. 설사 불륜이 아니더라도 재판정에서 이 편지를 놓고 "사실은 그게 아닌데 제가 편지를 이상하게 썼어요"라고 해야 하는 상황이었다.

내가 상간자 위자료 청구소송과 이혼 절차를 알아보는 동안 남편은 평생 흘릴 눈물을 다 쏟으며 사죄했다. 그 여자와 만났고 두 사람 모두 결백을 주장했다. 편지는 자기가 제정신이 아닌 상태로 쓴 것 같다고 했지만, 지나가는 사람 100명을 붙잡고 물어도 "그 말을 믿어요?"라고 할 상황이었다.

한동안 편지 내용이 구구절절 떠올라 자다가도 눈이 번쩍 떠졌다. 어느새 나는 분노의 힘으로 살아가고 있었다. 두 사람 다 용서하자고 생각했다가도 남편이 원망스러웠다. 배신감에 화병이 날 지경이었다.

그의 마음이 날 떠났을 때도, 그에 대한 믿음과 사랑이 있었기에 원망하지 않았다. 믿고 기다렸다. 하지만 이번에는 달랐다. 배신감에 자다가도 열불이 나서 주먹으로 가슴을 내리쳤다. 나는 오랫동안 고통 받았다.

◦ 고통이 나를 찾아온 이유

"그 고통스럽고 절망적이던 시간이 지금의 나를 만들었다. 내 삶을 만끽하고 내 사람들을 더욱 사랑하게 되었기 때문에."

-《마음이 흐르는 대로》 중에서

내 삶에 왜 이런 고통이 찾아왔는지 꽤 오랜 시간 생각해 보

하마터면 아내로만 살 뻔했다

왔다. 그리고 몇 가지 이유를 찾았다. 첫 번째는, 정체되어 있던 삶을 깨우고 성장하도록 그 변환점이 되어 주었다. 결혼 전까지 늘 바쁘고 매사에 열정적으로 성장해 온 나는 결혼 후 아이와 함께하는 안정적인 가정을 꿈꾸면서 성장을 멈추었다. 남편은 한창 열정적으로 일했던 내 모습으로 돌아가길 원했지만, 나는 가정을 생각하지 않을 수 없었다. 남편이 야근과 주말 출근이 잦기 때문에 상대적으로 주말 출근이 없고 연차를 자유롭게 쓸 수 있는 지금에 머무르는 것도 나쁘지 않다고 생각했다. 괜찮다고 생각했지만 아쉬움은 있었다. 커리어의 성장이 최우선이었던 남편은 그런 내 모습에 실망했다. 결국 주저하고 타협하던 나를 다시 깨워 일으킨 것이 이번 고통이었다.

두 번째는 외부를 향하던 시선을 내 안으로 돌리는 계기가 되었다. 내 마음을 살피면서 그동안 남의 마음만 끔찍이 위했지 내 마음은 등한시했다는 것을 깨달았다. 늘 다른 사람의 평안이 곧 나의 평안이라고 믿었다. 그렇게 기준점을 타인에 두고 살아왔고 결혼 후에는 그 대상이 남편이었다. 누군가 나에게 잘 지내냐는 질문을 하면 남편부터 떠올렸다. 요즘 남편이 좀 편안해 보이면 나도 잘 지내는 것으로 생각했다. 시선을 내게로 돌리니 나만의 중심을 먼저 잡을 수 있었다. 모든 고통과 시련은 나에게 달려 있다는 점을 배우고 새삼 경험했다.

세 번째는 '사건'이 아니라 '관점' 때문에 고통받는다는 깨달음을 얻었다. 어떤 사건이 어느 강도로 닥치느냐에 따라 고통의 정도가 좌우되는 것이 아니었다. 같은 사건, 상황에서도 어떻게 바라보느냐에 따라 하늘과 땅 차이로 달라질 수 있다. 한 걸음 물러나 관찰자의 시선으로 바라보는 여유도 생겼다.

마지막으로 이 모든 과정을 통해 외부 상황과 타인에게 쉽게 휘둘리던 마음이 단단해졌다. 설사 휘청해도 빠르게 중심을 잡을 수 있게 되었다. 무엇보다도 내 고통에 진심으로 주목해 준 사람이 있었기에 여기까지 올 수 있었다. 나도 누군가에게 그런 사람이 되어 주고 싶다.

◀

내 마음을 들여다보는 책
《오래된 질문》
다큐멘터리 〈Noble Asks〉 제작팀, 장원재 지음, 다산북스, 2021

옥스퍼드 생물학 대석학, 데니스 노블이 삶에 대한 오래된 질문의 답을 찾기 위해 한국의 사찰을 찾는다. 네 분의 스님과 과학자가 만나 삶과 고통에 대하여 질문하고 답한다. 고통을 피할 방법은 없는지, 왜 삶이 마음대로 안 되는지, 어떻게 살아야 하는지와 같은 질문을 따라가다 보면 삶에 대한 지혜와 통찰을 얻을 수 있다.

관계의 시소가
기울어지는 이유

신혼 2년 차에 두 번의 이혼 얘기가 오갔다. 연애 기간까지 함께한 6년 동안 가끔 끝장 볼 것처럼 다퉜어도 하루를 넘기지 않고 화해했다. 서로를 생각하는 마음이 있었기에 가능했다.

그런 내 삶에 이혼은 상상도 못 할 일이었지만, 결과적으로 우리는 한 번씩 이혼을 주고받았다. 이 일을 겪으며 책을 통해 이혼에 관한 다양한 사례를 접했고, 법적 절차를 찾아보며 시뮬레이션도 했다. 거기에 심리 공부가 더해져 '절대 이혼은 안 된다'라고 생각하던 의존적 두려움에서 벗어나, 이혼을 내 행복을 위한 하나의 선택지로 바라볼 수 있게 되었다. 그리고 일어난 모든 일을 차례차례 복기하며 정리해 보기로 했다.

◦ 불안감으로
고통스런 나날을 보내다

첫 번째 이혼 이야기가 나왔을 때 나는 어느 때처럼 마주하고 대화하면 예전처럼 돌아가리라 믿었다. 하지만 남편과의 심리적 거리를 좁힐 수 없었다. 이런 적이 처음이라 크게 당황했다. 기다리고 애끓는 동안 나의 불안감은 더 커졌다.

한 달이 지나서야 남편과 제대로 마주할 수 있었다. 하지만 그의 첫 마디는 "관계가 회복될 것 같지 않다. 그만하자"였다. 가슴이 심하게 뛰고 숨이 가빠졌다. 그 자리에선 눈물도 안 났다. 뭐든 얘기해 보라고 노력하겠다는 내게 남편은 신뢰마저 깨졌으니 결혼생활을 유지해야 할 이유가 없다며 단호했다. 그의 냉정함에 나의 존재가 한없이 작아지는 것 같았다.

그때 세상이 무너진다는 것을 경험했다. 멍한 상태로 후들거리는 몸을 이끌고 간신히 집에 돌아왔다. 구토할 것처럼 속이 메스꺼웠다. 현관에 그대로 주저앉아 참았던 울음을 터뜨렸다. 남편의 헤어지자는 말은 송곳이 되어 심장을 푹푹 찔렀다. 남편의 낯선 모습도, 이처럼 잔인한 고통도 처음이었다. 내 모든 것이 순식간에 산산조각이 나는 것 같았다.

나는 남편이 멀어지고 있음을 느끼고 있었다. 한창 병원에 다니며 힘들 때 그의 연락은 '몸은 괜찮아? 밥 잘 챙겨먹어'가

하마터면 아내로만 살 뻔했다

전부였다. 대화한다는 느낌이 없었다. 그러나 서운함은 밀어 둔 채, 그런 연락마저 고맙다고 여겼다. 하지만 나도 처음 겪는 유산이었다. 어느 때보다 그의 위로가 필요했다. 참다못해 혼자 견디던 힘든 마음을 남편에게 털어놓았지만, 내가 갈구하는 만큼 정서적으로 보듬어 주지 못했다. 내 가슴엔 '내가 가장 힘들 때 남편은 내 곁을 떠났다'는 한 문장이 오래도록 남았다.

정말 남편이 나를 힘들게 한 것일까? 나의 불안, 슬픔, 상실 등 부정적인 감정이 어디에서 온 것인지 돌아보았다.

분명 그가 예전 같지 않음을, 나에 대한 진심과 존중이 사라졌다는 것을 알았지만 인정하지 않았다. 내가 가장 보살핌을 필요로 했을 때 그는 나를 외면했다는 생각뿐이었다.

그렇게 꽤 오랜 시간 괜찮은 척하며 오히려 그에게만 마음을 쏟았다. 잠결에도 그의 뒤척임 하나에 반응했다. 조금이라도 불편한 기색이 보이면 내가 힘들게 하는 것인지 자책했다. 나의 존재마저 부정당하는 기분이었다. 하지만 남편보다 더 나를 외면하고, 부정하고 있던 사람은 바로 나 자신이었다.

○ **나를 돌보지 않은
　결과**

애써 상처를 봉합하고 다시 살아보자며 관계를 수습하기 시작했다. 당시 나는 남편의 계속되는 외박과 상실감으로 극심한 불안을 겪었다. 그럴수록 남편과의 관계에서 철저히 을이 되었다. 그래서 그저 돌아온 것에 고마워하며 지난 모든 시간을 그냥 묻었다. 괜찮은 척했고 괜찮은 줄 알았다. 남편이 돌아왔으니 나도 괜찮아질 것이라고 생각했다. 겉으론 평화로운 듯 보였지만 여전히 서로에 대한 의심과 불신이 남아 있었다.

그러던 어느 날, 편지 사건이 터졌다. 숨이 턱 막히며 잠에서 깨는 나날이 계속되었다. 더는 안 되겠다 싶었다. 결국 편지를 읽었고, 괜찮은 척 견뎌 온 마음은 기다렸다는 듯 처절하게 무너졌다.

지난날 나는 남편마저 잃을지도 모른다는 불안감에 참고 기다렸다. 하지만 편지는 달랐다. 밖으로 돌았던 그 모든 시간, 남편은 다른 여자와 함께였다. 편지에 쓰인 상상력을 자극하는 단어들에 달리 생각할 여지란 없었다. 고맙게도 모든 행적이 빼곡하게 적혀 있었다. 영원히 함께하자는 말이 쐐기를 박았다. 손이 무섭게 떨렸다. 얼굴은 사색이 되었고 역겨웠다. 가시 돋친 모습에도 그를 사랑했고 믿으며 죽을힘을 다해 인내한 시간이었다. 그런 내게 돌아온 것은 배신뿐이었다.

두 번째 이혼 이야기가 나왔을 때, 잔인했던 시간 동안 남편의 행적과 변심까지 알게 되니 배신감에 분노가 머리 꼭대기까지 치솟았다. 당장이라도 모든 것을 파멸시키고 싶었다. 지하 깊이 감춰 둔 이혼은 '배신'을 기폭제 삼아 폭발과 동시에 머릿 속을 장악했다. 그 길로 친정에 갔다. "여자가 있었어"라는 말에 엄마도 앓아누웠다. 급격하게 싸늘해진 나의 태도에 남편은 그제야 상황 파악을 하고 한껏 자세를 낮췄다. 갑자기 연락도 상냥하고 빈번하게 해 왔다.

남편만을 위하며 자책하던 지난날을 후회했다. 괜찮은 척했던 내 마음은 보란 듯이 비웃었다. 그리고 더는 참지 않겠다며 앞뒤 보지 않고 내달렸다. 남편은 처음엔 당당했다. 결백했기에 모두 해명할 수 있다고 자신했다. 하지만 그 편지 내용이 내 눈에 어떻게 보일지는 고려하지 않았다. 내게 그에게 베풀 사랑과 자비가 한 톨도 안 남았다는 것을 깨닫자 매일 눈물로 호소했다. 상황은 180도 바뀌었다. 나는 편지 내용을 곱씹으며 시도 때도 없이 그에게 분노했다. 그렇게 우린 신혼 2년 차에 두 번의 이혼 이야기를 주고받았다. 아주 처절하고 단호했으며 진심이었다.

○ **신뢰와 존중으로
두려움을 극복했다**

두 번의 이혼 이야기가 오간 뒤 《어느 날 우리는 돌아눕기 시작했다》라는 책을 발견했다. 내 이야기인가 싶었던 사례들을 통해 내 경험과 견주어 생각해 볼 수 있었다. 한동안 나와 남편은 서로를 탓하며 다퉜다. 남편은 매사에 옳고 그름을 따졌고, 나는 내 감정에 대한 공감과 이해를 원했다. 결국, 다툼은 어느 한쪽의 포기로 끝났고 이해는커녕 간극만 더 넓힌 채 상황이 종료되길 반복했다. 나는 내 감정과 정서를 헤아려 주고, 불안하지 않게 하는 존중을 원했다.

이 책의 저자는 상대가 무엇을 하는지 곱씹는 일을 멈추라고 조언한다. 그가 무엇을 하든 하지 않든, 누구랑 데이트를 하든, 그 무엇이든 그 일에 집중하는 순간 미칠 듯이 화나기 시작할 것이라고 경고한다. 실제로 나는 이러다 화병 나겠다 싶을 만큼 그의 행동을 끊임없이 곱씹으며 미칠 듯이 분노했고, 그럴수록 괴로움도 커졌다.

'노력하고 더 노력하라'는 조언은 실행이 불가능할 것 같았지만 노력 끝에 우리는 서로에 대한 신뢰와 존중을 회복했다. 무엇보다도 이혼하면 모든 것이 끝장날 줄 알았던 두려움이, 이혼에 대해 간접적으로나마 알고 나니 사라졌다. 그리고 지난 사건들까지 차분히 돌아보고 나니, 당장 급한 일은 이혼이 아니었다. 상처받고 갈기갈기 찢긴 내 마음을 치유하는 것이 먼저였다.

내 마음을 들여다보는 책

《어느 날 우리는 돌아눕기 시작했다》

데이나 애덤 샤피로 지음, 이영래 옮김, 중앙m&b, 2013

수백 명의 이혼 남녀를 인터뷰하며 각양각색의 사연을 담았다. 나의 이야기 같기도 하고, 주변에서 들어본 법한 사연도 있다. 실제 이혼 경험자들의 이야기를 들여다보며 만남과 헤어짐, 그 안에서의 힘겨루기, 외로움, 사랑과 섹스, 그렇게 결혼생활 전반에 대해 다시 생각해 보게 한다. 처음부터 끝까지 이혼에 관한 이야기지만 아이러니하게도 '사랑'에 관한 책이다.

3장

"나는
마음공부로
다시 태어났다"

홀로서기 심리 습관에 대하여

스스로 만든 틀에서 벗어나라

° 받아들임

남편이 직장 동료와 주고받은 편지 내용은 고스란히 내 머릿속에서 시도 때도 없이 재생되었다. 그때마다 신경계와 혈관이 초고속으로 가동되는 듯했다. 온몸에 열이 오르고 힘이 잔뜩 들어갔다. 가슴은 열기로 가득한 용광로처럼 끓어올랐다.

'분노'였다. 아들러는 분노는 사람과 사람을 떼어 놓는 감정이라고 말했다. 그럴 수밖에 없는 것이 분노 상태에서는 그 무엇도 수용할 수 없었다. 여지없이 대상을 향한 비난과 공격만이 샘솟았다. 살면서 분노를 이토록 강렬하게 느끼긴 처음이었다.

◦ 분노, 상대와 나를 동시에 찌르는 칼

편지 사건으로 시도 때도 없이 괴로워하다 못해 차라리 죽고 싶다는 나를 보며 뒤늦게 이 일의 심각성을 깨달았다.

분노는 우리의 사고를 단순하게 만들고 행동력에 폭발적인 힘을 실어 준다. 나 역시 순식간에 경주마가 되어 앞만 보고 돌진했다.

나는 활화산이 되어 시도 때도 없이 분노에 사로잡혔고 그 화살은 모두 남편을 향했다. 나의 분노로 우리 부부는 잔혹한 고통 속에 갇혀버렸다. 내가 생각하는 관계가 아니라며 기회를 달라고 사정하는 남편을 볼 때마다 마음은 약해졌다. 서로가 아팠다. 하루빨리 이 상황을 정리해야 했다.

일주일 뒤, 나는 그 여자와 만났다. 나는 말없이 편지를 내밀었고, 할 말 있으면 하라는 내 말에 그녀는 죄송하다고 말했다. 결론적으로 두 사람을 챙겨 주고 챙김 받은 직장 상사와 직원 사이로 정리했다. 사정은 이러했다. 그녀는 직장 내 괴롭힘을 당했고, 술자리에 자주 불려 나갔다. 이를 알게 된 남편이 일을 핑계로 사무실에 남겨 술자리를 피하게 해 준 것이 시작이었다. 그녀에게 밥을 사 주며 사람들과 어울릴 수 있게 도왔다. 그리고 두 사람의 관계는 남편이 그녀의 이직을 도와주며

하마터면 아내로만 살 뻔했다

일단락되었다.

편지에 적힌 모든 행적엔 사실 그녀를 마음에 둔 남자까지 셋이 함께였다. 남편은 그 둘을 이어주려고 했던 것이다. 챙겨 줄 수 있다고 생각했다. 그러나 선을 넘었다. 바빠서 연락할 시간도 없다더니 그들과는 잘도 어울렸다. 그동안 나는 혼자였다. 차라리 내가 바람을 피웠거나 남편이 그 여자와 사랑에 빠졌던 것이라면 이해라도 될 텐데, 들을수록 분노만 더욱 커졌다. 마치 내가 둘 사이에 낀 불청객 같았다.

문제는 편지 속 '하트'였다. 그 여자는 하트는 다른 상사에게도 보낸다며 휴대전화를 보여 줬다. '아⋯. 지금 날 농락하나?' 하는 생각이 들었다. 어처구니가 없었다. 둘 뿐인 것처럼 썼지만 사실은 여럿이 모였었단다. 들을수록 가관이었다. 연애편지처럼 보이지만 그런 사이는 아니었단다.

◦ 분노의 진짜 원인은
내 안에 있다

이 경험 덕분에 나는 엄청난 감정을 온몸으로 실감했고 감정의 폭발력을 경험했다. 분노에 관한 여러 책을 읽으며 분노를 대하는 법은 물론, 녀석의 성격을 몇 가지 알게 되었다. 가장 충격적인 것은 '특정 대상'이 아니라 '내 생각'이 분노를 유발한다는 사실이었다. 나는 분노의 원인이 타인 혹은 외부 자극에 있다고 생각했다. 편지 내용이 자꾸 떠올라 분노가 치밀었지만, 이것은 결코 내 의지가 아니었다. 그런데도 내 생각 때문이라고?

갸우뚱하던 나에게 맞춤 설명을 해 준 책이 있으니 바로 구사나기 류순의 《반응하지 않는 연습》이었다. 저자 역시 분노를 만들어 내는 것은 '나 자신'이라고 한다.

우리는 상대방과 다투면 처음에는 상대방에게 분노한다. 하지만 상황이 끝난 뒤에도 그때의 생각이 떠나지 않아 괴롭다면 그 원인은 상대방이 아니라 '내 기억'에 있다는 것이다. 곰곰이 생각해 보니 나도 그랬다. 과거의 사건을 떠올리고 그 기억에 반응하자 또다시 분노가 일었다. 이를 반복하고 있었다.

분노의 원인이 내 안에 있다는 사실을 받아들이니 상대방을 탓하던 마음이 가라앉았다. 그렇다면 분노는 나쁜 감정일까? 우리는 왜 분노를 느끼는 것일까?

황시투안의 《모든 관계는 나에게 달려 있다》에 따르면 분노는 위험할 때와 육체적 혹은 심리적으로 고통을 느낄 때 느낀다고 한다. 일종의 방어기제인 셈이다. 동시에 분노는 공격성도 내포하고 있어 자신을 지키기 위해 상대방에게 칼날을 겨누기도 한다. 우리가 외부를 향해 공격하는 동안은 자신의 상처

하마터면 아내로만 살 뻔했다

에서 나오는 고통을 느끼지 않기 때문이다. 그래서 공격받았다고 느끼거나 상처를 입었을 때 분노를 선택하곤 한다.

반대로 분노가 내부로 향하면 우울, 자살로 나아갈 수 있다. 앙갚음하겠다고 주먹을 불끈 쥐는 사람을 떠올려 보자. 그는 분노로 가득 차 있다. 이성적으로 분노하는 사람을 보았던가? 분노가 커지면 엔도르핀이 대뇌 신피질을 무력화시킨다. 그러면 이성의 뇌는 멈추고 감정의 뇌가 의식을 지배하여 다섯 살 아이와 같은 상태가 된다. 명심해야 할 점은 분노는 상대방뿐만 아니라 자신에게도 상처를 입히고 모든 것을 파멸로 이끌 수 있다는 것이다.

○ **스스로 만든**
틀에서 벗어나라

그렇다면 분노를 어떻게 해야 할까? 우리는 통상적으로 분노는 표출하기보다는 꾹 참거나 조절할 수 있어야 한다고 알고 있다. 그러나 그렇게 꾹 억누른 감정은 언젠가 더 크게 터지기 마련이다. 무조건 억압하거나 외면하면 또 다른 공격으로 나타난다. 가장 좋은 방법은 분노가 올라오는 순간 그것을 알아차리는 것이다. 명상이 좋은 이유가 여기 있다. 관찰자가 되어 내 감정과 마주할 수 있기 때문이다.

그다음에는 '나를 존중한다면 그렇게 행동하면 안 됐어'라는 식의 자신이 만든 규칙에서 벗어나야 한다. 그래야 상대의 입장도 생각해 볼 수 있다. 나 역시 '남편이 이렇게 행동했고, 이런 말을 했어'라는 틀 속에서 그를 탓하며 분노를 끌어올렸다. 여기에는 '내가 옳고 당신은 잘못했다'라는 신념이 깔려 있었다.

상처받고 화나는 사건이 발생했고 그 기억이 반복적으로 떠올라 분노한다고 막연히 생각했는데, 실은 내가 분노하기를 선택하고 있었다. 무엇보다도 분노는 마냥 회피할 감정이 아니라는 사실을 깨달은 것만으로도 분노가 쑥 올라올 때 조금은 유연하게 대처할 수 있었다.

분노가 나를 집어삼키려고 할 때 이를 자각하는 것이 가장 중요하다. 그다음은 분노 뒤에 숨은 아픔을 온전히 느끼며 안아 주자. 자신의 무력함을 느끼거든 자책하지 말고 그냥 인정해 주면 된다. 그러면 분노로 바짝 날이 서 있던 마음이 순식간에 녹을 것이다.

돌이켜보면 나는 분노라는 불길 속에 꽤 오랜 시간 있었다. 그러한 분노 속에서 느끼고 배움으로써 내 안의 분노를 대하는 방법을 터득했다. 내면에 자욱했던 '분노'라는 붉은 연기를 빼내고 나서야, 비로소 내 상처를 치유하기 시작했다.

　　　　　　　　　하마터면 아내로만 살 뻔했다

내 마음을 들여다보는 책
《반응하지 않는 연습》
구사나기 류슌 지음, 류두진 옮김, 위즈덤하우스, 2016

우리는 외부 자극에 쉽게 반응하곤 한다. 남편의 말 한마디에 욱하기도 하고, 내 마음대로 안 되는 육아에 감정은 롤러코스터를 타기도 한다. 이 책은 붓다의 가르침을 따라 '알아차림'과 '인정욕구'를 주축으로 '반응하지 않는 연습'을 안내한다. 무리하게 참는 것이 아니라, 애초에 헛된 반응을 하지 않는 연습이다. 불필요한 마음의 반응만 줄여도 당신의 삶은 훨씬 가볍고 유쾌해질 것이다.

본질을 들여다볼 수 있는 무기

°비움

나는 8살 때부터 지금까지 매년 한 권의 일기장에 나를 기록해 왔다. 무슨 일이 있었고 뭘 했는지 혹은 혼자만의 고민, 감정을 솔직하게 썼다. 힘든 일이 있을 때면 차분히 내가 처한 상황 혹은 사건을 적으며 최대한 객관적으로 바라보려고 노력했다. 그러다 보면 나를 힘들게 하는 사람의 입장도 한걸음 물러서서 바라볼 수 있었다.

내 생각과 감정을 적다 보면 그 경계가 분명해졌고 그것은 내가 에너지를 쏟아야 할 부분이 무엇인지 알려 주었다. 그렇게 일기장이 차곡차곡 쌓이는 만큼 내면도 단단해질 수 있었다. 하지만 유일하게 아무것도 적지 못한 사건이 있었다. 바로 남편과의 갈등이었다. 무언가를 적기조차 어려울 만큼 고통스

하마터면 아내로만 살 뻔했다

러운 상태이기도 했고, 우리 부부의 지극히 사적인 이야기를
밖으로 꺼내기가 무척 조심스러웠다.

◦ 오래된 상처를 치유하는
매일 글쓰기

무엇이든 써내야 했다. 내게 벌어진 사건뿐만 아니라 스스로
묶어 둔 결박까지 모두 글로써 풀어내야 숨통이 트일 것 같았
다. 글을 쓰고 싶었지만, 꽤 오랫동안 아무것도 쓸 수 없었다.
두려웠다. 글을 쓰는 일도 내 상처와 마주하는 일도 모두 두려
웠다. 하지만 나는 알고 있었다. 이것을 반드시 글로써 써내야
내 숨통이 트인다는 것을 말이다.

그때 만난 책이 손화신의 《쓸수록 나는 내가 된다》였다. 기
자였던 저자는 24시간 불안한 삶에 결국 공황 증상까지 겪는
다. 불안에서 헤어 나오고자 미친 듯이 글을 쓰기 시작했다. 그
리고 비로소 불안에서 벗어나 진짜 '나'를 찾게 되었다는 그녀
의 이야기는 내게 롤모델이 되어 주었다. 저자는 불행을 씀으
로써 불행에서 벗어날 수 있다고 했다. 절망에 관해 쓴다면 절
망을 제거하기 위함이라고 말했다. 내 안에는 마주해야 할 응
어리가 많았다. 내면에 자리잡은 부정적인 감정들을 정리하기
로 마음먹었다.

마음을 추스리며 조금씩 활동이 가능해지자 나는 매일 한 편씩 한 달 동안 글을 써내는 프로젝트에 참여했다. 그때 나는 강제성이 필요했고 실행을 뒷받침할 도구로 매일 글을 써서 인증하는 숙제를 부여한 것이다. 매일 아침 질문이 주어졌고 자정까지 글을 완성해 제출했다. 인증을 안 해도 그만이었지만 함께 참여한 사람들의 격려 덕분에 포기하지 않을 수 있었다. 나는 여전히 불안과 감정 싸움에 무너졌다가 일어서길 반복하고 있었다. 하지만 글쓰기에 집중하면서 혼자 불안해하던 시간도, 온갖 걱정과 상상 속에서 괴로워하던 시간도 차츰 줄여 갈 수 있었다.

그렇게 꼬박 두 달 동안 글을 썼다. 글쓰기는 불안은 잠재우고, 자꾸 수면 아래로 가라앉으려는 나를 끌어올려 주었다. 그 작은 성취감으로 조금씩 자존감을 되찾았다. 무엇이든 매일 써내는 글쓰기 습관은 마치 빵빵하게 부풀어 터질 듯한 감정 풍선에 바늘구멍을 낸 듯 나의 숨통을 트이게 했다. 하지만 내게는 여전히 감정의 응어리가 단단하게 남아 있었다. 정작 남편과의 이야기는 단 한 줄도 쓰지 못했기 때문이다.

◦ 마침표를 찍는 순간의 해방감

그때부터 지금까지 꾸준히 글을 쓰고 있다. 일상의 기록부터 오늘 하루 나의 감정, 생각들을 찬찬히 쓰며 돌아본다. 거울 명상을 하듯 내가 눌러 놓았던 묵은 감정들과 마주하며 한 꺼풀씩 때를 벗기듯 흘려보낸다. 그러자 꽁꽁 싸매고 있던 나의 묵은 상처와 트라우마도 서서히 고개를 들기 시작했다. 여전히 아프고 쓰라렸지만 전보다는 밖으로 꺼내어 쓸 용기가 생겼다. 글을 쓰다가 상처받던 기억이 떠올라 엉엉 울기도 하고, 마지막 마침표를 찍는 순간 꽉 막혀있던 가슴이 뻥 뚫리는 경험을 하기도 했다.

특히 트라우마는 반드시 극복해 없애야 하는 대상이 아니었다. 어쩌면 내 안의 트라우마가 자기 좀 알아차리고 이해해달라고 끊임없이 생채기를 내고 있었는지도 모르겠다. 나는 트라우마에 대항하기보다 안아 주는 편을 선택했다. 깊은 상처로 남아 웅크리고 있던 트라우마를 글쓰기를 통해 꺼내어 마주하자, 날카로운 발톱을 집어넣고 얌전해졌다.

러시아 전통 인형 마트료시카는 맨 바깥부터 맨 안쪽까지 열면 열수록 똑같이 생긴 작은 인형이 나온다. 나를 만나는 글쓰기 과정은 마트료시카와 같다. 처음부터 깊숙한 알맹이와 마주할 수 없다. 겉에서부터 조금씩 글로 쓰다 보면 어느새 알맹이와 가까워진 자신을 발견할 것이다. 저자는 글쓰기를 '내 안에 들러붙은 감정을 떼어내는 것'이라고 했다. 글쓰기를 통해

한 걸음 물러나 감정을 바라보는 작업은 감정으로부터 우리를 자유롭게 해 준다.

나 역시 매일 일상적인 글부터 시작해 조금씩 내 본질에 다가갈 수 있었다. 불편했던 감정들도 조금씩 글로 꺼낼 수 있게 되자 두려움도 불안함도 차츰 사라졌다. 감정에 짓눌리면서도 그 실체가 막연하게 느껴져 금방이라도 나를 집어삼킬 듯한 공포를 느꼈는데, 글로써 그 형체를 확인하자 언제 그랬냐는 듯 담담하고 가벼워졌다. 정말 신기한 경험이었다. 잊고 있었던 글의 치유력을 다시 경험하는 순간이었다.

◦ 내 감정의 주인이 되는 글쓰기

자신의 감정을 얼마나 잘 알아차리는가? 생각보다 우리는 감정을 외면하거나 뭉뚱그려 지나치는 경우가 더 많다. 글로 솔직하게 쓰다 보면 나도 몰랐던 나의 감정을 발견하는 순간들이 있다. 감정은 온전히 느껴 주어야 흘려보낼 수 있다. 나아가 언어로 표현될 때 비로소 응어리로 남지 않고 정화된다. 그저 내면에서 일어나는 감정과 생각을 그냥 글로 쓰면 된다. 분석하고 판단할 필요도 없다.

감정의 롤러코스터를 탈 때도 일단 펜을 들자. 마구 휘갈겨 쓰느라 순간 감정이 더 올라올 수도 있다. 그러나 개의치 말고

하마터면 아내로만 살 뻔했다

계속 쓰다 보면 내가 상황을 오해한 것은 아닌지, 제멋대로 판단하고 생각하여 반응하지는 않았는지 성찰할 수 있다. 그리고 이것이 진짜 감정인지 거짓 감정인지를 분별할 수 있다. 중요한 점은 이 과정이 반복되면 나만의 감정 패턴을 찾을 수 있다는 것이다.

나는 타인에게 받은 상처가 트라우마가 되어 약한 자극에도 불쑥 부정적인 감정이 튀어나와 고통스러웠다. 그럴수록 감정을 외면한 채 괜찮은 척 애썼다. 감정은 보란 듯이 더 강력해졌고 나는 무력해졌다. 그래서 자신의 감정 패턴을 이해하는 것이 중요하다. 나만의 심리작용을 알고 이해한다면 더는 감정에 휘둘리지 않고 내가 감정의 주인이 되어 통제할 수 있다.

이 책은 글쓰기로 나를 치유하고 싶은데 무얼 어떻게 시작해야 할지 막막했던 나에게 용기와 그 답을 주었다. 처음부터 핵심에 닿으려 하지 말고, 주변이나 가장 바깥의 날것부터 써 보자. 그것도 어렵다면 편지 쓰기를 추천한다. 나는 예전에도 해를 마무리할 때면 나에게 편지를 쓰곤 했다. 올 한 해는 어땠는지, 나를 다독여 주고 내일의 나를 응원하며 진솔하게 나 자신과 마주할 수 있었다.

나는 남편에게 먼저 편지를 썼다. 그다음엔 지난 아픈 기억으로 힘들어하는 나에게 편지를 썼다. 누구에게 보여 줄 것도 아니기에 편하게 날것 그대로, 아주 솔직하게 모든 것을 다 써 내려갔다. 때론 공격적이기도 했고 때론 담담하고 차분하기도 했다.

편지를 완성한 것만으로도 치유를 충분히 경험할 수 있었다. 돌덩이처럼 막혀있던 묵은 감정들이 어느새 사르르 녹아 없어지는 느낌이었다. 그렇게 내 마음은 조금씩 가벼워졌고 한 뼘 더 성장할 수 있었다. 나는 앞으로도 글 쓰는 것을 멈추지 않을 것이다. 글쓰기는 내게 치유제이자 성장촉진제이기 때문이다.

내 마음을 들여다보는 책
《쓸수록 나는 내가 된다》
손화신 지음, 다산초당, 2021

어느새 사라진 '나'를 되찾고 무너져버린 마음의 평온을 찾는 최고의 방법은 본능에 따르는 것이다. 무작정 집을 뛰쳐나가 달리거나 종이가 찢어지도록 마구 휘갈겨 써 볼 수도 있다. 저자의 본능은 글쓰기였다. 다양한 글쓰기 방법을 통해 자기 자신을 객관화하며 나다움을 찾는 길로 안내한다.

나를 정화하자 환경도 바뀌었다

° 명상

　일련의 사건을 겪으며 얻은 가장 큰 수확은 '명상하는 삶'이 아닐까 싶다. 평생 처음으로 삶이 찢겨 나가는 고통을 겪었고 그 덕분에 돌처럼 굳어버린 가슴을 조금씩 녹여 열어갈 수 있었다. 그 여정에 명상이 있었다. 명상은 스님들이나 왠지 마음공부에 정진하는 사람들의 전유물이라고 생각했는데, 관심을 두고 보니 일반인의 삶에도 꽤 친숙하게 자리하고 있었다.

　감정에 휘둘리며 괴로워하던 그때, 우연히 명상을 배우고 있는 사람을 알게 되었다. 지푸라기라도 잡고 싶었던 나는 초면이었던 그 사람을 따라 인도인 명상가를 만나러 갔다. 고통에서 헤어 나오게 해 달라는 내 간절한 기도를 하늘에서 들어준 것 같았다. 그것이 명상의 시작이었다. 그전까지는 유튜브 가이드 명상의 도움을 받았다. 하지만 일단 가슴이 꽉 막혀 호흡이 쉽지 않았고 눈을 감는 순간부터 두려움, 불안, 과거의 기억 등 잡념이 미쳐 날뛰듯 일어나 3분을 채 견디지 못했다.

◦ 휘둘리지 않기 위해
   명상을 시작했다

명상 스승으로 만난 인도인 선생님은 첫 만남에서 내게 "원래 사랑이 넘치는 사람인데 가슴이 꽉 막혀 메말라 있네요"라고 말했다. 실제로 나는 가만히 있을 때도 가슴이 매우 답답했고, 명상 호흡을 할 때도 숨이 잘 안 쉬어졌다. 돌덩이 같은 것이 꽉 막고 있어서 명치를 중심으로 위아래가 전혀 통하지 못하는 느낌이었다. 선생님은 내게 가장 시급한 문제는 다른 것이 아니라, 나의 내면에서 잃어버린 사랑을 되찾는 일이라고 했다. 명상을 꾸준히 한다면 3개월 뒤엔 완전히 다른 사람이 되어있을 것이라는 그 말을 믿고 3분, 5분, 20분씩 그렇게 시간을 늘려 나갔다.

명상을 처음 접하던 때는 한 차례 불거진 이혼 얘기를 어렵게 수습하고 제자리로 돌아가려던 때였다. 남편의 연락과 귀가 횟수는 늘었지만, 여전히 생활의 중심이 가정이 아니라 일에 있다는 점은 나를 불안하게 했다. 단호하게 외박은 싫다고도 해 봤지만, 큰 변화는 없었다.

한편으로는 매일같이 야근하고도 출근길 차가 막혀 일찍 나가는 그가 안쓰러웠다. '그래, 타인을 바꾸려 들지 말라고 했어. 내가 옳다는 생각도 버려야 해. 남편이 편하면 됐지' 하며 애써 괜찮다고 나를 다독였지만, 그것도 스스로를 억누르는 행위였다. 하지만 나는 전혀 괜찮지 않았고 나에게 집중할 수 있는 무언가가 절실히 필요했다.

그것이 명상이었다. 세 가지 명상법을 배워 틈나는 대로 시도했다. 꾸준히 3개월만 해 보라고 했지만 쉽지 않았다. 꽉 막힌 변기를 뚫듯 가슴 깊숙한 곳을 시원하게 뻥 뚫어버리고 싶었지만, 꽤 오랜 시간과 노력이 필요했다. 꾸준히 명상하다가도 외부 자극으로 하루아침에 무너지고 다시 이어가길 반복했다. 작심 3일을 수십 번 반복하며 한 달, 두 달 그렇게 채워 나갔다.

◦ 관찰자 시점으로 내면 들여다보기

그러던 어느 날, 사무실 책상을 닦으려고 탁상 거울을 무심코 집어 들었다가 거울 속 나와 눈이 마주쳤다. 내 모습을 보고 깜짝 놀랐다. 눈물이 두 눈 가득 찰랑이며 금방이라도 왈칵 쏟아질 것 같았다. 나름 명상도 하고 마음챙김을 하며 평온을 찾아가던 중이라고 생각했는데 얼굴은 시커멓고 눈은 한없이 슬퍼 보였다. 순간 눈물이 주르륵 흘렀다.

거울 속 나는 억눌린 감정을 잔뜩 삼킨 채 울먹이고 있었다. 내 안에 단단하게 응어리진 감정이 남아있음을 깨달았다. 수박 겉핥기로 상처 위에 밴드만 붙여 두고 있었다. 깊게 상처받은 감정을 외면하고 있었다. 두렵고 아파서, 슬퍼서 등 여러 이유로 마주하길 꺼렸다. 나는 직감적으로 이것들과 마주해야 한다는 것을 알아차렸다.

루이스 L.헤이의 《미러》와 《왓칭》으로 유명한 김상운의 《거울명상》을 찾아 읽었다. 거울명상이 무엇인지 그리고 이를 통해 상처를 치유한 다양한 사례를 접할 수 있었다. 특히 《나를 정화하고 사랑하는 거울명상》이란 책은 저자가 아주 친근하게 느껴졌다. 남편이 야근 중 연락이 닿지 않을 때면 극심한 불안을 느끼며 노심초사했다는 이야기가 남 일 같지 않았다. 저자가 출산 후 이런 두려움과 불안감을 느꼈다면 나는 유산 후에 경험하고 있었다.

저자는 거울명상을 통해 남편과의 갈등, 늦은 나이의 출산과 독박 육아, 워킹맘, 고용 문제 등의 일들을 겪으면서 눌러 놓았던 감정들과 마주했다. 그렇게 묵은 감정들을 흘려 보내며 치유와 회복을 경험했다고 전한다. 이 이야기는 비슷한 상황을 겪은 내게 희망을 주었다. 나도 지난 경험으로 생겨난 아픔을 해소하지 못한 채, 더 큰 감정 덩어리를 만들어 내고 있었다. 이것은 어느새 내 무의식까지 장악했다. 나는 속히 거울 앞에 앉아야 했다.

처음 거울 앞에 앉았던 날, 10분을 채 넘기지 못했다. 하염없이 눈물만 흘리길 반복했다. 하루는 그동안 꾹 참느라 하지 못했던 원망과 비난을 다 쏟아 내려 했는데, 그조차 쉽지 않았다. 혼자인데도 그런 말을 하는 것에 죄책감을 느꼈다. 누가 듣진 않을까 눈치를 봤다. 여전히 스스로 만든 틀에서 벗어나지 못했다. 그럴수록 가슴 안에 꽉 눌려 있는 감정을 하루빨리 풀어 내고 싶었다. 자유로워지고 싶었다.

어떤 날은 TV를 보던 중 뜬금없이 내 안에서 울컥하는 감정이 올라왔다. 빨리 거울 앞에 앉아야겠다는 생각이 들었다. 거울명상을 하며 관찰자 시점으로 나를 바라보는 연습을 했다. 그러자 상대를 향하던 시선이 조금씩 나의 내면으로 옮겨왔다. 그리고 내 안의 감정에 집중하며 관찰하기 시작했다. 처음에는 지금 느끼는 감정이 수치심인지 두려움인지 슬픔인지 잘 알 수 없어서 혼란스러웠다.

초반에는 거울 앞에서 참 많이 울었고 분노했다. 내 안에 억눌려 있던 감정 대부분이 억울함, 수치심, 분노가 아니었을까 싶다. 거울명상을 하면서 나는 상대를 원망하는 대신 내 감정을 알아 주고 인정하기 시작했다. 감정들을 좋다 나쁘다, 옳다 그르다로 판단하지 않았다. 그러자 조금씩 가슴이 후련해졌고 호흡도 한결 편안해졌다.

어느 날 문득 내가 처음부터 감정에 무거운 사람이 아니었다는 생각이 스쳤다. 초등학교 입학 전까지만 해도 나는 언제 어디서나 춤추고 노래 불렀던 흥 많은 아이였다. 학교 입학과 동시에 엄청나게 긴장했고, 전날 숙제와 준비물을 완벽하게 챙겨 놓지 않으면 잠을 못 이뤘다. 강한 책임감과 성실함은 나를 늘 반장 자리에 앉혔고, 그것은 나에게 더 큰 책임감을 주었다.

어렸을 때부터 여리고 눈물이 많았지만, 대외적으로는 흐트러짐 없고 강단 있는 사람이었다. 깊은 배려심과 남다른 책임감은 더 강하게 나를 통제했다. 흐트러진 모습을 보이는 일을 가장 꺼렸다. 노래방에서 남들처럼 무아지경으로 놀고도 싶었지만, 몸이 안 따랐다. 사실은 마음의 문제였을 것이다. 언제부턴가 불편한 감정을 숨겼다. 그것이 습관이 되었고 그렇게 나는 점점 무거운 아이가 되었다.

나는 거울명상과 함께 쿤달리니 Kundalini 와 같은 액티브 명상을 시작했다. 오쇼 액티브 명상의 기본 중의 하나인 쿤달리니 명상은 자발적인 진동과 자유로운 춤으로 몸 안의 세포를 진동하게 함으로써 에너지의 균형을 잡는 명상법이다. 처음에는 혼자 하는데도 부끄럽고 어색해 쭈뼛쭈뼛했지만, 점차 익숙해졌다. 명상에 집중하는 시간이 차곡차곡 쌓여갈수록 내면에 활력이 생겼고 표정과 몸동작은 훨씬 부드러워졌다. 이렇듯 명상을 하며 조금씩 내면의 변화를 느끼기 시작했다. 여전히 번잡한 생각에 사로잡히기도 하고, 격렬한 감정이 불쑥 튀어 오르기도 한다. 하지만 명상은 그조차도 있는 그대로 바라보고 수용하며 어루만져 준다.

◦ 과거와 미래는 놓아 주고 현재에 머무르는 법

명상하면서 처음으로 나의 호흡을 인지했다. 태어난 순간부터 죽을 때까지 쉬지 않고 이루어지는 호흡을 한 번도 의식한 적이 없었다. 명상은 호흡에서 시작한다. 들이마시고 내쉬며 호흡에 집중하다 보면 과거와 미래는 사라지고 현재만 남는다. 비로소 지금, 이 순간에 머물게 되는 것이다.

이 경험은 다소 충격적이었다. 그동안 현재를 잃어버린 채 과거와 미래에서만 살고 있었다는 것을 깨달았다. 현재에 머물렀던 순간들은 아주 찰나였다. 끊임없이 과거의 기억을 소환해 고통받았고 미래를 짐작하며 불안해했다. 나를 잃어갈수록 현재는 없고 과거만 있었다.

하지만 명상은 내가 현재에 집중하고 머물도록 해 주었다. 적어도 명상을 하는 동안은 오롯이 현재를 살았다. 명상은 조급한 마음을 가라앉히고 중심을 잡을 수 있게 도와주었다. 특히 생각과 감정에 대한 자각이 높아지면서, 외부 자극에 충동적으로 반응하지 않게 되자 조금씩 자유로워졌다. 불편한 감정 상태에 머무르는 시간이 짧아졌고 가슴에 다시 감사함이 깃들기 시작했다. 어떤 날은 괜히 설레었고 작은 일에도 감사함이 충만하게 일었다. 내가 왜 이러나 싶을 만큼 엔도르핀이 도는 것 같았다.

이런저런 이유로 명상을 쉬면 갈증을 느꼈다. 저녁 시간이 어려우면 출퇴근길에라도 명상을 챙겼다. 명상은 꼭 시간과 장소를 확보하지 않아도, 언제 어디서나 할 수 있다.

먼저 감사하는 마음으로 하루를 시작한다. 낙엽을 쓰는 경비 아저씨께 아침 인사를 건네고, 건널목에서 잠시 정차한 운전자, 정류장에 내려 준 기사님께, 오늘따라 더 청량한 하늘을 향해서도 감사를 외친다. 걷는 동안 이어폰을 빼고 햇살과 바람, 새소리에 집중해 본다. 횡단보도 앞에서는 하나, 둘, 셋 들이쉬고 내쉬며 신호를 기다린다. 전철 안에서는 짧은 가이드 명상을 듣거나 눈을 감고 나의 호흡에 집중한다. 운전하면서는 '왜

하마터면 아내로만 살 뻔했다

껴들어! 비켜' 하기보다 '먼저 가세요' 하며 양보한다.

○ 나를 정화하면
외부 환경도 변화한다

매일하진 못하지만 적어도 언제 어디서나 명상을 생각하고 가까이하고자 하는 마음이 생겼다. 거울명상 후기를 보면 처음엔 반신반의하게 되는 신기한 경험담이 많다. 나도 내 주변으로 빛을 본 적은 있지만, 내 모습이 완전히 사라지거나 목소리가 변하거나 하지는 않았다. 하지만 분명한 변화가 있다.

스스로를 정화할수록 나를 둘러싼 외부 상황이 내게 좋은 방향으로 조금씩 변해갔다. 그저 명상하며 나를 정화했을 뿐인데 환경도 심지어 절대 변하지 않을 것 같던 상대도 자연스럽게 변화하기 시작했다. 우선 남편과의 관계가 매우 좋아졌다. 나를 바라보는 눈에서 애정이 흘러넘친다. 서로 얼굴만 봐도 웃음꽃이 핀다. 직장에서는 여러 사람 힘들게 하던 상사가 예기치 않게 떠나고 인품 좋은 분이 새로 오셨다. 무엇보다도 신기한 변화는 다양한 연령대의 사람들에게 시시때때로 '예쁘다, 예뻐졌다'는 말을 듣는다는 것이다. 길을 물어 온 난생 처음 본 할머니에게서도, 매일 얼굴 보는 직원들에게도 듣는다. 곰곰이 생각해 보았다. 수술한 것도 아닌데 얼굴이 갑자기 예뻐질리 없다. 그렇다면? 내면을 정화하니 피부와 혈색이 좋아졌고, 내면에 감사함이 충만하니 뿜어져 나오는 에너지도 밝아졌다. 마음이 편안하니 잘 웃었고 여유가 생기니 운동도 열심히 하고 덩달아 자세도 좋아졌다. 나는 현재를 살고 싶어 오늘도 가부좌를 틀고 눈을 감는다.

◤

내 마음을 들여다보는 책

《나를 정화하고 사랑하는 거울명상》

김미진 지음, 미다스북스, 2021

저자는 사례관리사로 일하면서 고통 속에 있는 사람들을 만나야 했고, 점차 자신도 정신적으로 힘들어졌다. 그러다 첫 아이를 출산하면서 산후우울증이 왔고, 남편의 밤늦은 퇴근을 기다릴 때마다 극심한 불안감에 시달렸다. 거울명상을 접하고 정화한 과정뿐만 아니라 관계에서 갈등을 겪는다면 공감할 수 있는 책이다. 친숙한 사연을 읽다 보면 어느새 거울 앞에 앉아 있을 것이다. 억압된 감정과 무의식을 정화하면 완전히 달라진 삶을 경험할 것이다!

하마터면 아내로만 살 뻔했다

감사,
그 단순한 말의 힘

°감사

무기력과 우울함, 무표정한 나날이 계속되던 때, 더는 이렇게 살 수 없다고 생각했다. 가슴이 텅 비다 못해 생기라곤 찾아볼 수 없는 잿더미만 가득한 것 같았다. 몸을 일으켜 집안 물건들을 정리하기 시작했다. 미친 듯이 버리고 치우고 나니 비로소 숨통이 트이는 것 같았다. 그렇게 조금 비워 낸 다음 명상에 이어 찾은 방법이 '감사 일기'였다.

° 메마른 일상에
'감사' 불어 넣기

'감사합니다', 이 단순한 말이 뭐라고 가슴을 벅차게도 하고 바싹 메마르게도 할까? 감사(感謝)란 마음을 다해 고마움을 표현하는 인사라는 뜻으로, 상대방을 존경한다는 뜻을 내포한다.
감사의 긍정적인 영향은 여러 과학적 근거와 함께 입증되었
다. 실제로 감사 일기를 쓰면서 불안과 우울이 많이 호전었거
나, 삶이 긍정적으로 바뀌었다는 사례도 쉽게 찾아볼 수 있다.

나는 평소 습관처럼 감사 인사를 건네는 사람이었다. 출근길
을 나서면서 마주한 새벽 어스름에, 달리는 버스 창문으로 들
어오는 바람에도 '감사합니다'를 외치던 나였는데, 감사 노트에
한 글자도 적지 못했다. 그제야 내가 한동안 감사함을 느끼지
못한 채 지내왔음을 깨달았다. 가슴이 허하다 못해 메말랐다
고 느꼈던 이유가 있었다.
내게 일어난 일을 원망하는 마음이 자꾸만 일어나 괴로웠다.
생각의 꼬리를 잘라내기 어려웠다. 나는 살기 위해 감사 일기
를 쓰기 시작했다. 하루 5개, 의식적이고 의도적인 행위였다.
감사하다는 말이 낯설게 느껴졌다. 무엇보다 가슴이 반응하지
않았다. 감사한 마음이 일긴커녕 머리로 애써 찾아내기도 쉽
지 않았다. 내가 이만큼 병들고 아팠음을 새삼 확인했다.

◦ 머리가 아닌
마음으로 감사를 느끼는 법
이처럼 가슴이 아닌 머리로 쓰는 감사 일기로 당장 변화를

기대하기는 무리일 수 있다. 여전히 외부 자극에 일희일비하며 감정은 롤러코스터를 타고, 불안과 우울에 사로잡힌 상태라면 어려울 수 있다. 나 역시 '이게 과연 내게 변화를 가져다줄까?', '이게 뭐라고 사람들이 그렇게 좋다고 할까?' 하며 반신반의했다. 하지만 포기하지 않고 무엇이든 꾸준히 써 보기로 했다. 만약 감사함을 느끼기 어려운 상황이라면 의식적인 연습이 도움이 될 것이다.

1단계. 당연하게 생각하던, 아주 사소한 것부터 찾아보자.

- 살아 숨 쉬고 있음에 감사합니다.
- 오늘 하루 무탈하게 보냈음에 감사합니다.
- 남편이 퇴근 후 집으로 왔습니다. 감사합니다.
- 안전하게 지낼 수 있는 거처가 있음에 감사합니다.
- 편안히 이동할 수 있는 엘리베이터가 있음에 감사합니다.

2단계. 주변에 감사한 사람을 찾아보자. 부모님, 선생님, 직장 동료, 가족, 친구, 택배 기사 등 과거와 현재 구분 없이 찾아보자.

- 이른 아침, 부지런히 정류장 근처를 깨끗이 청소해 주신

미화원분께 감사합니다.

- 나를 이 세상에 존재하게 해 주신 부모님께 감사합니다.
- 힘든 일이 있을 때마다 나를 찾는 친구, 내가 도움이 될 수 있음에 감사합니다.
- 내 생일을 잊지 않고 축하해 주는 사람들에게 감사합니다.
- 택배기사님께 감사합니다. 덕분에 편안하고 빠르게 물건을 받아볼 수 있었습니다.

3단계. 현재뿐 아니라 과거에서도 찾아보자.

- 지난날 지독하게 고통스러웠던 시간 덕분에 나를 돌아볼 수 있었고, 덕분에 이만큼 성장할 수 있었습니다. 감사합니다.
- 사랑하는 배우자와 깊은 갈등을 겪었음에도 사랑으로 극복할 수 있었습니다. 그 관계가 더욱 견고해진 것에 감사합니다.

감사 일기를 석 달 정도 꾸준히 쓰면서 나도 모르는 사이, 머리에 머물던 감사가 가슴으로 내려와 있었다. 실제로 우리의 모든 행동을 관장하는 것은 '뇌'가 아니라 '심장'이라고 한다. 감사는 뇌와 심장이 일치된 감정 상태(사랑, 감사, 행복, 평안 등) 중

하나로, 뇌와 심장의 주파수를 0.1헤르츠로 일치시켜 강력한 전자기장을 형성한다. 이렇게 만들어진 전자기장은 우리의 에너지를 바꾸고, 에너지는 다시 외부 현실을 바꾸게 된다.

"진정으로 평화로워질 수 있는 유일한 길은 지금 일어나는 일에 감사하며 지금에 사는 것이다. 평화롭지 못할 때조차 감사에 집중하면 모든 문제가 사라진다."

-《기적을 만드는 감사메모》중에서

우리가 감사를 느끼는 동안에는 불안과 같은 다른 감정이 양립할 수 없다. 이에 대해《기적을 만드는 감사메모》에서는 양자물리학의 '상보성 원리'를 근거로 들어 설명한다. 책에 따르면 '사물을 긍정적으로 바라보면 부정적으로 될 수 없고, 부정적으로 바라보면 긍정이 나올 수 없다는 원리'다. 쉽게 말해 감사와 걱정이 동시에 존재할 수 없다는 뜻이다.

우리는 걱정 대신 감사를 선택함으로써, 고통이 아닌 이 순간의 행복을 누릴 수 있다. 나 역시 꾸준히 감사 일기를 쓰자 어느새 내용은 전보다 구체적이고 활기차게 변했고 삶에 활기를 되찾기 시작했다. 무엇보다 이제는 머리가 아닌 가슴으로 감사를 느끼고 있었다.

가장 빠르고 확실한 응급처치, 감사 일기

명상에서는 마음의 평화를 위해 호흡에 집중하라고 한다. 하지만 순간 튀어나오는 부정적인 생각과 감정에 사로잡힌 상황에서 가만히 집중하기란 쉽지 않았다. 눈을 감고 하나, 둘, 숫자를 세며 들숨 날숨 호흡을 시도했지만, 이미 얼굴에 열이 오르고 가슴은 쿵쾅거리는 신체 반응이 올라와 쉽사리 진정되지 않았다. 당황할수록 증상은 더욱 커져만 갔다.

그때 눈앞에 감사 노트가 보였다. 무엇이든 써내야 한다는 일념으로 감사할 거리를 찾는 데 집중하려 애썼다. 그렇게 한 글자씩 꾹꾹 눌러 쓰다 보니 어느새 활활 타오르던 마음이 가라앉고 평온함이 깃들었다. 내가 이렇게 단순했나 싶을 만큼 눈에 띄는 변화가 신기할 정도였다. 이 경험을 계기로 나는 감정의 폭풍우가 몰아칠 때면, 감사 노트부터 찾는다. 가장 빠르고 효과가 확실한 응급처치이다.

실제로 심리학자들은 원치 않는 감정 상태에 빠져들 때, 여기서 재깍 빠져나올 수 있는 최적의 방법으로 '감사'를 꼽는다. 감사 일기를 쓰는 것과 같이 감사를 찾는 의지는 부정적인 상태를 멈추고 리셋 버튼을 누르는 것과 같다. 헤어 나올 수 없을 것 같은 고통스럽고 부정적인 상태에 놓여있다가도 감사하는 마음을 장착하고 나면 신기하게도 긍정적이고 평화로운 상태로 전환되는 경험을 할 수 있다.

많은 사람이 마음의 평화에 있어 명상을 최고로 꼽지만, 《회복탄력성》의 저자 김주환 교수는 명상보다도 '감사하는 마음'이 훨씬 효과가 좋다고 한다. 감사하는 마음 상태에 놓여 있을 때 우리는 통제하려는 마음이나 걱정에서 벗어나 지금, 이 순간에만 집중하게 된다. 사람들이 불행한 이유 대부분은 '현재'에 살고 있지 않기 때문이다. 지금 나를 괴롭히는 생각이 과거나 미래에 대한 것은 아닌가?

나 역시 과거를 자꾸 들추며 자신을 괴롭히고 있었다. 혹은 일어나지 않은 일에 관한 걱정으로 고통 받곤 했다. 과거나 미래에 가 있는 것을 '지금, 여기'로 돌아오게 하는 힘이 바로 감사다. 그러니 더는 통제하려 애쓰거나 지금과 달라지길 바라는 마음으로 자신을 고통 속에 던지지 말자. 그저 현재를 살며 지금 내게 주어진 모든 것에 감사하는 습관을 갖자.

나는 마음이 힘들었던 하루면, 더 열심히 감사 일기를 썼다. '감사 일기, 이게 뭐 대수야?' 하는 의구심이 들 때도 꾸준히 썼다. 명상도 안 되고 집중도 안 되고 무기력할 때도 펜을 들었다. 분노와 슬픔에 휩싸여 감정이 폭발할 때도 감사 노트를 꺼

내 들었다. 그렇게 나는 감사의 힘을 믿어보기로 했다. 그리고 결국, 그것은 나를 변화시켰다.

감사 일기 쓰는 방법

1. 언제 어디서나 쓸 수 있는 도구 준비하기
- 작은 메모장과 펜 또는 휴대전화 메모장이나 감사 일기 앱을 활용한다.

2. 날짜를 적고 하루 3개부터 꾸준히 쓰며 늘려간다.

3. 감사 일기는 정해진 형식도 없고, 정답도 없다. 자유롭게 시작하면 된다. 시작이 어렵다면 무엇이든 쓰고 '감사합니다'를 덧붙여 보자.

4. 일상에서 감사할 거리를 찾는다. 아침에 눈을 뜨자마자, 출근길에, 아이를 재우면서, 설거지하면서 등 매 순간 숨은그림 찾기를 하듯 감사 안테나를 세워라.

5. 기상 직후나 잠자기 직전과 같이 일정한 시간을 정해도 좋다. 혹은 아이가 잠든 시간이나 커피 한 잔할 때, 감정이 올라올 때 등 수시로 자유롭게 펼쳐도 좋다. 자기 전에 쓰는 감사 일기는 걱정과 고민 대신 감사함을 안고 잠자리에 들기 때문에 숙면에도 도움이 된다.

6. 오늘 하루 중 감사하다고 생각되는 순간이나 감사할 거리가 떠오르지 않는다면, 내게 고마운 사람들을 찾아본다. 오래전이어도 좋다. 또는 눈앞에 보이는 것에서 찾아본다. 가령 하늘, 달, 이불, 휴지, 물과 같은 것.

하마터면 아내로만 살 뻔했다

1) 오늘 달이 유독 크고 환하게 떠 있습니다. 어둡게 숨어든 내 마음을 밝혀 주는 것 같아 고맙습니다.
2) 폭신한 침대와 따뜻한 이불이 있어 편안하고 춥지 않게 잘 수 있음에 감사합니다.
3) 지금 이 순간 편안하게 숨 쉬고 읽고 쓸 수 있음에 감사합니다.

7. 부정적인 감정이나 사건을 쓰고 있다면, 끝맺음은 반드시 '~했지만, 그래도 고맙습니다'로 마무리한다.

1) 남편과 말다툼이 있었습니다. 남편이 내게 한 말 때문에 화가 났지만 그렇게라도 나에게 표현해 준 것에 고맙습니다.
2) 인사고과에서 낮은 점수를 받아 억울하고 화가 났지만, 꼬박 월급을 받으며 일할 수 있는 직장이 있어 감사합니다.

8. 감사 전파하기. 감사한 마음을 나누면 감사는 배가 되어 돌아온다. 오랜 지인들에게 하루 한 명, 안부 메시지를 보내도 좋다. 문득 떠오르는 고마웠던 기억을 덧붙여 본다. 누군가의 오래전 기억 속 고마운 사람으로 남아있다는 것은 엄청나게 고마운 일이다. 그것을 새삼 꺼내 표현한다면 감동은 배가 되고, 그 감사함은 또 다른 사람에게 전파된다.

1) 'OO야, 잘 지냈어? 퇴근길에 생각나서 연락해. 예전에 공부할 때 네가 이맘때면 나 감기 잘 걸린다고 유자차 타다 주곤 했잖아. 그때 정말 고마웠는데, 다시 생각해도 고맙다 OO야!'

9. 현재뿐만 아니라 과거와 미래에 대해서도 써 보자.

10. 감사 일기는 꾸준히 쓰되, 구체적으로 쓰는 것이 행동력을 높여 준다.

1) 오늘 책을 읽을 수 있어 감사합니다.
2) 오늘은 평소보다 1시간 일찍 일어나서 책을 25페이지나 읽을 수 있었습니다. 감사합니다.

내 마음을 들여다보는 책

《기적을 만드는 감사메모》

엄남미 지음, 케이미라클모닝, 2021

'감사 메모'로 책 한 권을 썼다는 사실에 놀라워하며 읽었다. 실제로 감사 일기를 매일 쓰며 삶에 기적 같은 변화를 이룬 저자가 자신의 경험을 토대로 쓴 책이다. 저자는 무조건 감사 일기를 쓰라고 권하지 않는다. 감사의 과학적 근거와 감사해야 하는 이유, 실생활에서 감사 메모를 쓰는 방법까지 상세히 다뤄 감사 메모를 쓸 수밖에 없도록 한다. 단 1분만 시간을 내어 감사 메모를 써 보자. 짧은 메모가 가져다주는 놀라운 행복의 힘을 경험할 것이다.

하마터면 아내로만 살 뻔했다

배우자 때문에
삶이 좌우된다는 오해

"결혼하니 뭐가 제일 좋아요?"

　결혼을 앞둔 이들에게 많이 받는 질문이다. 처음엔 '안정감'
이라고 생각했다. 영원한 내 편이 있다는 사실이 가장 든든했
고 삶과 마음의 안정을 느꼈다. 입시, 취업, 결혼까지 고되게
달려 온 시간을 결혼이라는 울타리가 차분히 안아 주는 것 같
았다. 하지만 결혼은 '그렇게 두 사람은 오래오래 행복하게 살
았답니다'로 끝나는 동화가 아니다. 현실이다. 낯선 곳으로의
긴긴 여정이자 새로운 시작이다. 크고 작은 사건이 발생하며
얻는 것도, 포기할 것도 생긴다. 그렇게 결혼생활을 시작했다.

결혼이라는 무대에
오르고 보니

어여쁜 드레스를 입고 많은 이의 축하를 받으며 결혼식을 올렸다. 그렇게 결혼 1년 차 달콤한 신혼을 보냈고 2년 차 내 인생에서 가장 큰 시련을 겪었으며 3년 차에 다시 안정기에 접어들었다. 이 과정을 통해 내가 배운 결혼이란 배우자가 아니라 나의 삶, 생활 방식 전반을 스스로 선택하고 기꺼이 책임지는 것이었다.

나의 선택으로 새로운 막이 올랐고, 나는 4년 차 배우로 무대에 서 있다. 지금 돌아보면 꿈같은 시간이다. 짧다면 짧은 신혼이지만, 누구보다 행복했고 막장 드라마를 찍으며 비운의 주인공이 돼 보기도 했다. 어린아이처럼 감정만 앞세우기도 했고 세상 다 산 사람처럼 모든 것을 내려놓기도 했다.

결혼에도 자격이 검증되어야 하지 않을까 싶을 만큼 결혼은 결코 단순한 일이 아니었다. 달콤한 사랑으로 누구나 시작할 수는 있지만, 그 사랑을 끝까지 책임지고 지키는 것은 또 다른 문제였다. 모범생답게 나는 결혼에 관한 책을 찾아 읽기 시작했다. 그러다 문득 궁금해졌다. 각본 없는 결혼생활, 그 불확실함 가운데 가장 확실하고 중요한 것이 뭘까? 곰곰이 생각하던 나는 조용히 답했다. 바로 '어떤 상황에서도 나를 잃지 않는 것'이었다.

하마터면 아내로만 살 뻔했다

◦ 행복한 결혼생활은
배우자가 좌우할까

결혼에 대한 흔한 오해가 있다. 우리는 '배우자'를 선택하고, 결혼생활은 그 선택에 좌우된다는 것이다. 나도 결혼생활이 원만하지 않았을 때 '나와 맞지 않는 배우자를 선택했기 때문일까?' 하는 생각을 했다. 그때 알고리즘에 의해 나타난 한 유튜버의 영상을 봤다. 그 유튜버는 남편이 누구든, 심지어 자신이 몇 번째 아내든 상관없이 행복하게 살 수 있다고 했다. 다른 여자가 좋다고 하면 그 여자 옆에서 남편이 행복하다는 뜻이니까 웃으며 보내 줄 수 있다는 말에 입을 다물지 못했다. 지금은 그 의미를 알기에 미소 짓지만, 그땐 정말 까무러치게 놀랐다.

《미움받을 용기 2》에서도 '결혼은 대상이 아닌, 자기 삶의 방식을 선택하는 것'이라고 말한다. 같은 맥락이다. 처음엔 내려놓는 의미로 받아들였다. 만약 남편이 집 밖에서 생활하는 것이 편하다면, 다른 사람과의 시간이 더 즐겁다면 그가 좋다는 대로 두자고 다짐했다. 꼭 가정 안에서, 나와 함께여야 한다는 바람은 내 이기심일 뿐이라고, 슬프지만 애써 그렇게 생각했다. 하지만 이것은 스스로 만든 무의미한 희생일 뿐이었다. 어찌할 방도가 없으니 이렇게라도 상황을 통제하는 것처럼 느끼고 싶었다.

그러다 절친한 친구가 내게 한 말이 떠올랐다.

"결혼이 선택이듯 남편은 네 인생에서 옵션일 뿐이야."

그때는 와 닿지 않았다. 남편의 낯선 모습과 이해할 수 없는 행동으로 결혼생활 뿐만 아니라 삶 전체가 무너지는 기분이었다. 부부관계는 한쪽으로 기울었다. 내 행복과 불행의 기준이 모두 남편에게 맞춰져 있었다. 정말 위험한 상태라는 사실을 뒤늦게 깨달았다. 그렇게 내적 갈등과 번민에 사로잡혀 허우적댔고, 이는 나 자신을 잃어가고 있다는 증거였다.

박해조 시인의 '소와 사자의 사랑 이야기'가 있다. 서로 사랑했던 소와 사자는 서로에게 최선을 다하기로 약속하며 결혼했다. 소는 자신이 좋아하는 맛있는 풀을, 사자는 가장 좋아하는 살코기를 매일 가져다주었다. 상대방이 주는 음식이 너무도 싫었지만 내색하지 않고 참았다. 결국, 한계에 이르렀고 크게 다투었다. 헤어지면서 서로에게 남긴 한 마디는 "난 당신에게 최선을 다했어!"였다. 우리 부부의 모습 같았다.

남편은 신혼 초, 뭐든 싫은 내색도 없고 의사 표현도 잘 하지 않았다. 뭘 먹을지 물으면 늘 '네가 먹고 싶은 거'였다. 남편의 마음은 알겠으나 남편이 먹고 싶어 하는 것을 같이 먹고 싶기도 했던 나는 결정하는 일이 부담이었다. 친밀한 관계일수록 표현이 중요하다고 여러 번 말했지만, 남편은 표현에 서툰 사람이었다. 처음엔 사랑하니까 모두 양보하고 맞춰 주는 것이 사랑이라고 생각했을 것이다. 하지만 시간이 흘러 내색하지 않는 자신이 절대 괜찮지 않음을 깨닫고 소와 사자처럼 남편도 폭발했던 것이 아닐까 생각한다.

결혼생활은 일상의 연속이다. 그렇기에 사소한 일상을 나누는 것부터가 부부 간 대화의 시작이며 그것이 관계에 미치는 영향력을 믿는다. 바빠서 마주 보고 밥 먹을 시간이 없더라도 서로에게 건네는 한두 마디가 서로의 빈자리를 채워 주기도 하고, 마음을 이어 주기도 한다. 그래서 우리 부부는 바닥을 친 관계를 다시 이어붙일 때, 이를 가장 먼저 시도했다. 각자 바쁜 일과를 마치고 잠자리에 들기 전 30초, 단 1분이라도 그날의 일상이나 마음 어떤 것이든 한마디라도 건네고 표현했다. 표현하고 들어주는 이 잠깐의 노력은 상처받고 돌아섰던 우리 부부의 마음을 다시 연결해 주었다.

◦ 나는 지금의 배우자를 왜 선택했는가

남편, 시댁, 이혼 등 결혼생활과 관련 있는 다양한 책을 찾던 중 다소 파격적인 제목의 책을 만났다. 박우란의 《남편을 버려야 내가 산다》였다. SNS에 독서 기록을 남겼는데 오랜만에 만난 후배가 걱정하며 물었다.

"언니, 남편분과 팔로우 안 되어있어요? 그때 올린 책 제목 있잖아요, 남편분이 봐도 괜찮아요?"
"괜찮아~ 진짜 남편을 버린다는 뜻도 아닌데 뭐."

그만큼 강렬했던 제목의 책에 실린 사례를 통해 남편과 아내, 결혼에 대해 진지하게 생각해 볼 수 있었다. 그리고 뇌리에 박힌 질문이 하나 있다.

'나는 남편의 어떤 점 때문에 결혼했을까?'

곰곰이 생각해 봤다. 나는 가정적인 사람을 원한다고 생각했고 결혼생활에서 그 부분이 채워지지 않음을 아쉬워했다. 결혼 전에도 이 이유로 결혼을 고민한 적 있다.

"나는 가족과 함께하는 시간이 소중해. 얼굴 보며 얘기하고 밥 먹고 산책하고 그런 작은 일상에서 행복을 느껴. 그런데 당신은 일이 제일 중요하잖아."

하마터면 아내로만 살 뻔했다

남편과는 직장에서 만났기에 휴가조차 마음대로 쓰지 못하는 상황을 잘 알고 있었다. 남편은 자신이 더 노력하겠다고 했고, 우린 서로 많이 애썼다.

그런데 이 책을 읽으면서 한 가지 질문이 머릿속을 떠나지 않았다.

'나는 정말 가정적인 남자를 원했을까? 그렇다면 왜 지금의 남편과 결혼했지?'

사실 남편과 연애할 때도, 결혼할 때도 다른 조건은 생각한 적 없었다. 내 모습 그대로 당당했고 남편의 근성과 성실함이 좋았다. 누구보다 나를 사랑하는 마음이 컸고 그것으로 충분했다. 돌아보니 나도 한때는 꽤 야망 있었다. 결혼 후 내 주변에 워낙 가정적인 남자들이 많기도 했고 임신과 육아를 염두에 두다 보니 매일 바쁜 남편이 아쉬웠다. 하지만 가정적인 남자들은 야망이 없다고 느껴졌다.

나는 아내 말을 절대적으로 따르며 언제든 시간을 내어 같이 육아하는 모습을 부러워하면서도, 현재에만 안주하는 모습은 성에 차지 않았다. 사실은 가정적인 것보다 야망 있는, 그래서 끊임없이 노력하고 성장하는 사람에게 매력을 느꼈음을 깨달았다. 우리는 서로의 그런 모습을 좋아했다. 그런데 그만큼의 가정적인 모습도 원했으니 모순이었다.

《남편을 버려야 내가 산다》가 던져 준 질문 덕분에 결혼 전에도 고민한 적 없었던, 배우자를 선택한 이유에 대해 진지하게 돌아볼 수 있었다. 이는 단순히 남편과의 관계뿐만 아니라 내 삶의 가치, 태도와도 관계가 깊다. 이 깨달음은 내가 남편의 마음이 변했기 때문에 고통스러웠던 것이 아니라는 큰 깨달음을 주었다.

◦ 삶의 중심을 배우자가 아닌 '나'에게 두기

신혼 때, 남들보다 조금 일찍 그리고 압축적으로 희로애락을 겪으며 배운 두 가지가 있다. 첫째, 남편 혹은 아내에게 의지할 수는 있지만, 그 전에 오직 나로서 온전해야 한다. 사람들은 간혹 도피의 수단으로 결혼을 선택한다. 이 경우 서로에게 결핍과 부담만 안겨 줄 뿐이다.

둘째, 삶의 중심을 '나'에게 두어야 한다. 내가 이혼까지 갔다가 다시 관계를 회복할 수 있었던 이유는, 이혼에 대한 두려움과 남편에게 의지하던 상태에서 벗어나 '나 혼자서도 충분히 행복하게 살 수 있다'는 믿음이 확고해졌기 때문이다. 친구가 이야기한 '남편은 옵션'이라는 말은 그런 뜻이었다.

남편만 바라보고 의지할수록 상대는 도망가기 바빴고 나는 지쳐갔다. 서로 아끼고 사랑하는 마음이 잘못된 방향으로 커지면 집착과 회피로 변질될 수 있다.

남편에게 향하던 모든 에너지를 명상과 감사 일기 등을 통해 나에게 돌리자 나도 남편도, 결혼생활도 한결 가볍고 편안해졌다. 결국, 모두 같은 이야기였다. 혼자 사는 삶이든 함께하는 삶이든 개인의 인생에서 내가 온전히 바로 설 수 있어야 한다.

내 마음을 들여다보는 책
《남편을 버려야 내가 산다》
박우란 지음, 유노라이프, 2021

다소 파격적인 제목의 이 책은 프로이트, 라캉의 정신분석을 바탕으로 쓴 책이다. 부부관계를 중점적으로 다루며 특히 아내들에게 자신의 욕망과 결핍, 환상을 다른 누군가로 채우려 하지 말고 독립적인 존재로서 자립하라는 메시지를 담고 있다.

타인이 아닌
나를 위한 선택

°용서

"그대에게 잘못을 저지른 사람이 있거든, 그가 누구이든 그것을 잊어버리고 용서하라. 그때 그대는 용서한다는 행복을 알 것이다. 우리에게는 남을 책망할 수 있는 권리가 없다."

—톨스토이

용서의 사전적 정의는 '지은 죄나 잘못한 일에 대해 꾸짖거나 벌하지 아니하고 덮어 주는 것'이다. 누군가를 조건 없이 용서하기란 결코 쉬운 일이 아니다. 하물며 상대가 용서를 구할 생각조차 없을 때는 더욱더 그렇다. 그래서 누군가는 용서를 '인간이 할 수 있는 가장 위대한 일'이라고 했나 보다.

하마터면 아내로만 살 뻔했다

용서,
멀고도 험한 마지막 관문

결혼 후 다양한 갈등을 겪으며 마치 시험대에 오른 듯 내 앞에 용서가 3단계로 펼쳐졌다. 첫 번째는 남편이었다. 사실, 남편에게는 편파적으로 자애로웠다. 외박이 잦았을 때도 그에 대한 신뢰와 연민이 있었기에 견디고 기다릴 수 있었다. 하지만 편지 사건으로 배신감을 느끼고는 사랑하고 믿었던 만큼 분한 마음이 배로 커졌다. 남편이 울며 석고대죄하는 모습에 마음이 약해져 용서한다고 했지만, 한동안 '당신이 나한테 어떻게 그래!' 하는 원망 섞인 분노가 시도 때도 없이 올라와 미칠 지경이었다.

내가 발작하던 당시 남편은 엄마를 잃을까 봐 두려워하는 아이 같았다. 그 모습이 안쓰러웠다. 그 역시 자기도 모르게 무의식이 발현되었거나 묵혀둔 상처나 결핍이 있어 그랬으리라는 생각으로 용서했다가도, 불쑥 올라오는 배신감에 원망을 쏟아내곤 했다. 그래도 벌어진 일에 비하여 용서는 꽤 신속하고 담담하게 이뤄졌다.

두 번째는 그 여자였다. 그녀는 내 남편에게 그동안 함께 했던 모든 시간을 낱낱이 추억하며 앞으로도 함께 하자고 고백했다. 불륜의 증거라고 편지를 내밀자 자신도 왜 그렇게 썼는지

역겹다는 말을 변명이라고 한 그녀에게 날카롭고 거침없는 분노를 느꼈다. 두 사람의 아니라는 말을 믿고 싶다가도 편지가 떠오를 때마다 이들이 나를 기만하나 싶어 평정심을 잃었다.

그러나 편지에 집착할수록 화만 더 났고 모든 사람이 괴로울 뿐이었다. 이미 벌어진 일이었다. 힘들더라도 그녀를 용서하기로 했다. 그 후에도 한동안 그녀와 같은 이름만 봐도 화가 치밀었지만, 차츰 분노는 누그러졌다.

정황과 증거는 불륜을 가리켰지만 진짜 외도가 아니었기에 이 정도로 끝내고 회복할 수 있었다. 아마도 나는 그 관계의 시발점이 '사랑'이 아니었다는 사실에 안도했던 것 같다. 그리고 대화할수록 그녀가 얼마나 철없이 살고 있는지 느껴졌다. 나는 전투력을 상실했다. 그녀를 직장에서 이른바 '상간녀'로 만들고, 위자료를 청구한들 내게 뭐가 남을까 싶었다.

지금은 오히려 그녀에게 고맙다. 내게 마치 만들어진 각본처럼 완벽한 고난의 상황을 주고, 이렇게 성장할 수 있게 해 줬으니 말이다. 나에게 깨우침을 주기 위해 등장한 인물이라 생각하니 한결 마음이 편안했다. 결국 그렇게 그녀를 용서했고 비로소 분노에서 자유로워졌다.

◦ 용서는 상대가 아닌
  나의 자유를 위한 것이다

나에게는 마지막 관문이 남아 있었다. 시댁이다. "고부갈등
이 뭐예요?"라고 할 만큼 시부모님이 언제나 나를 예뻐하고 아
껴 주신다며 자랑했던 나는, 이 사건에 대한 그들의 반응에 상
당한 충격을 받았다. 시어머니만큼은 같은 여자로서 내 고통
과 정신적 충격을 헤아려 주실 줄 알았는데, 오히려 앞장서서
나를 탓했다. 나는 남편과 다시 잘 지내보기로 했고, 시부모님
도 이번 일로 화나고 상처를 받았으리라고 생각했다. 한 번은
내게 쏟아내야 풀 수 있다고 생각했다.

　각오하고 찾아갔지만, 상상 이상이었다. 남편이 아니라 내가
그런 일을 저질렀나 싶었다. 시어머니는 남편의 바깥 생활을
알고 난 뒤 나에게 남편이 그렇게 행동하면 안 되는 거라며 조
금만 참고 기다려보라고 하셨었다. 그날의 모진 말은 꽤 오랜
시간 상처로 남았다.

'전 세계에서 가장 영향력 있는 30세 이하 30인'에 선정되었
던 제이 셰티는 그의 저서 《수도자처럼 생각하기》에서 용서의
여러 단계를 설명했다. 나는 처음 편지를 발견했을 때 눈이 뒤
집혔다.

　첫 번째 단계, '절대 용서 못 해!' 분노의 단계였다. 그다음엔

'잘못을 뉘우친다면, 각서를 쓴다면 용서할게'와 같은 조건부 용서가 있다. 이 경지를 조금 넘어서자 그 여자에게 아무것도 바라지 않고 그냥 용서하는 선의의 단계에 올랐다. 마지막 단계는 '당신이 무슨 짓을 했어도 나는 너를 용서해'라는 무조건적 용서, 즉 성인의 경지라고 한다.

그러나 내가 받은 충격과 상처가 깊었던 만큼, 용서는 힘들었다. 한편으로는 다시 잘 지내고 싶어 용기 냈다가도 겁먹고 물러서길 반복했다. 억울한 마음에 '내가 뭘 잘못했다고 이렇게까지 해야 해?'라고 생각하다가도 여전히 모범생 근성이 남아 스스로에게 '그래도 할 도리는 해야지' 하는 압박을 주고 있기도 했다. 용서는 상대가 아닌 나를 위한 일이라고는 하지만 쉽지 않았다.

상대는 자신에게 잘못이 있다고 생각하지도 않을 뿐더러, 상처받고 공격받은 사람은 나인데 왜 내가 나서서 용서해야 하는지 억울했다. 용서하려고 애쓰는 마음이 나를 더 불편하게 옥죄었다. 그렇다고 모른 척 외면해도 불편하긴 마찬가지였다. 시부모님을 원망하기보단 최소한 그날의 일에 대해서는 사과받고 싶었다.

황시투안의 《모든 관계는 나에게 달려 있다》에 따르면 용서는 '타인의 부주의나 과실, 잘못을 양해하고 책망하거나 처벌

하마터면 아내로만 살 뻔했다

하지 않는 것'이라고 한다. 저자는 '네가 이렇게 바뀐다면 용서할게'라며 나의 선택 기준을 타인의 행동에 두는 것은 곧 내 인생을 타인에게 맡기는 일이라고 경고한다.

나는 용서의 기준을 타인에게 두고 있었다. 잘못한 사람이 진심으로 사과하고 상대는 그 마음을 받아 주는 것, 그것이 바람직한 용서라고 생각했다. 그런데 상대는 전혀 그렇게 할 생각이 없으니 나만 괴로울 뿐이었다. 과연 잘못한 사람은 용서를 구하려 하고, 용서받지 못하면 불편해할까? 그렇지 않다. 의외로 상대는 용서를 구하기는커녕 사과할 생각조차 없는 경우가 많다.

그렇다면 용서는 왜 해야 하는가? 상대와 상관없이 '나를 치유하는 것'이기 때문이다. 잘못에 대한 상대의 태도는 내 마음과 같지 않다. 그렇다고 내가 상대를 변화시키거나 통제할 수도 없다. 오로지 나를 돌볼 수 있을 뿐이다.

티베트의 정신적 지도자, 달라이 라마 Dalai Lama 는 '용서는 상처를 준 사람에 대한 미움과 원망의 마음에서 스스로를 놓아주는 일'이라고 했다. 즉, 용서는 상대가 아닌 나를 자유롭게 하기 위한 선택이다. 서로 용서를 주고받는다면 가장 아름답겠지만, 《수도자처럼 생각하기》에서 제이 셰티는 상대가 안 하면 '나'라도 나서서 용서하라고 권한다. 그 후 내 고통은 상대의 고통과 분리되고 그것은 감정적 치유로 이어지기 때문이다.

◦ 어떻게 하면
용서할 수 있을까

이를 적용하기 위해 내 마음을 찬찬히 들여다보았다. 왜 시댁에 화가 나고 억울한 마음이 드는지 생각했다. 초반에 내가 가장 많이 한 생각은 '어떻게 나한테 그래?', '무슨 부모가 그래?'였다.

나는 최소한 부모라면 내 자식의 잘못을 따끔하게 혼내고 안아 줘야 한다고 생각했다. 더욱이 내 자식 때문에 이런 일이 일어났고, 그런데도 둘이 다시 잘 살아 보겠다고 했으면 훈계를 할 수는 있어도 인격적으로 공격해서는 안 된다고 생각했다.

그래도 나는 남편을 선택했기에, 시댁과도 잘 지내고 싶었다. 우선 시부모님을 시부모, 부모라는 '역할'이 아닌 '존재'로 바라보려고 노력했다.

나는 분노 지수를 끌어올리는 대신, 책에서 배운 대로 시어머니를 젊은 날 마음고생하며 힘들게 살아온 한 여자로 바라보기로 했다. 연민의 마음이 올라오면서 내게 분풀이하는 그 마음을 조금은 헤아릴 수 있었다. 억울함이나 화 같은 감정이 올라오는 순간도 있었지만, 세상에 태어나 수많은 인생사를 겪었을 하나의 존재로만 보려고 노력하자 미움이 잔잔하게 가라앉았다.

하마터면 아내로만 살 뻔했다

내게 상처를 주는 사람은 그가 바로 상처받은 사람이기 때문이라고 한다. 시부모님도 상처받은 한 존재일 뿐이라고 생각했다. 그들이 내게 던진 화살은 사실 자신들을 향한 수치심이었을 것이다.

용서는 아직 나에게 남은 숙제이고 현재진행형이다. 시간은 걸리겠지만 조금씩, 용서를 배우고 실천하고 있으니 언젠가 완전히 자유로워질 날이 오리라고 믿는다.

내 마음을 들여다보는 책
《수도자처럼 생각하기》
제이 셰티 지음, 이지연 옮김, 다산초당, 2021

이 책은 부정적인 생각과 고통스러운 감정에서 벗어나 마음의 평온을 지키며 목적 있는 삶을 살도록 돕는다. 책 속에 '직접 해보기'를 따라가면서 원숭이 같은 마음을 버리고 수도자처럼 생각하는 훈련을 해 보자. 마음의 면역력이 높아지고 삶의 의미와 방향성을 찾게 될 것이다.

4장

"더 큰
나를 위해
연습해야 할 것"

성장을 위한 마음 연습

호오포노포노,
나를치유하는주문

절대 아물지 못할 상처라고 생각했는데, 시간이 약이라고 했던가? 심리책을 통해 나의 내면을 돌보며 남편과의 관계는 다시 안정을 찾아갔다. 남편과 관계를 회복하는 동안 시부모님은 며느리를 향한 분노의 불씨를 키우고 계셨다. 부모니까 자식 편을 드는 것이 당연한 일이겠거니 애써 그렇게 생각하고 마음을 풀어드리려 찾아갔다.

나는 진심으로 두 분을 좋아했다. 멀리 계셨고 남편은 바빴기에 자주 연락 드렸다. 특히 남자들 틈에서 내 편이 없었던 시어머니께 딸이자 같은 여자로서 마음 깊이 편이 되어드리고 싶었다. 다른 사람은 몰라도 "남자들이 다 그래, 우리끼리 서로 의지해야지" 하시던 시어머니라 겉으론 아들 편을 들지언정 내 마음을 이해하리라고 믿었다.

하지만 시어머니는 팔짱을 끼고 앉아 계셨다. 남편은 모든 것을 다 말씀드렸다고 했지만, 대강의 흐름만 알고 계신 듯했다. 시종일관 내 탓이라는 힐난에 그저 드릴 말씀이 없다고 죄송하다고 했다. 속속들이 반박할 수도 있었지만, 남편을 지켜주고 싶었다. 따져 말한들 모두에게 상처가 될 뿐이라고 생각했다.

지난날 고맙다고 했던 내 행동들에 다른 해석을 붙여 헐뜯는데 난 눈물 콧물 쏟으면서도 그들의 마음을 헤아리려고 했다. 시부모님도 이번 일로 잠시 탓할 사람이 필요한 것이라고 생각했다. 나의 에고를 건드려 더 큰 싸움으로 키우기 위해 나를 공격하는 것이라고 생각하니 거듭된 공격에 욱하려던 마음이 가라앉았다.

불쑥 '어떻게 행동했기에 그런 편지까지 받냐고 하셔야 하는 것 아니에요?' 하고 소리치고 싶었지만, 꾹 참았다. 그럴 가치가 없었다. 들을수록 평소의 시부모님 같지 않았다. 그렇게 한참 동안 모진 말을 들었다. 엄마가 생각나서 하염없이 눈물만 쏟았다.

하마터면 아내로만 살 뻔했다

◦ 상대를 향한 기대는
   나의 판단일 뿐

진이 쏙 빠진 채 끝이 났다. 평소 같으면 내가 설거지를 하려 들면 남편이 나섰는데 이젠 남편마저 모르는 체했다. 나는 이들에게 가족이 아니었다. 이방인이었다. 남편의 안위를 위한 옵션이자 조건부 가족이었다. 하지만 친정은 달랐다.

엄마는 둘이 다시 잘 살아 보기로 했다는 내 말에 남편을 불러 조용히 말씀하시고 안아 주셨다. 엄마도 그동안 내색 못 하고 아파하셨는데, 내 선택이고 남편도 가족이라며 그렇게 품어 주셨다. 시댁에서 그 사단을 겪고 나니 아무것도 모른 채 살뜰히 사위를 챙기는 엄마에게 괜히 화가 났다. 속상했다. 설거지는커녕 귀한 손님 대접하듯 남편을 위하는 친정 식구들이 못마땅했다. 잘못한 남편은 호사를 누리고 그런 남편을 받아 준 나는 이런 수모를 겪는다는 생각에 삐뚠 감정이 새어 나왔다. 엄마를 생각할수록 남편에게 더 화가 났다.

모두 내가 각오하고 선택했으니 나의 책임이라고 생각했지만 남편에 대한 배신감은 쉽게 떨치지 못했다. 부모님이야 수치심에 나에게 쏟아부을 수 있다고 생각했다. 하지만 이 모든 사건의 빌미를 제공한 남편은 그저 보고만 있었다. 그 자리에서는 그럴 수 있어도 둘이 있을 때라도 미안하거나 고마운 기색을 보여야 하는 것이 아닌가 생각했다. 내가 바란 것은 '애썼다, 고맙다'는 남편의 말 한마디였다. 그거면 충분했다. 나는 다시 고개를 저었다. 그것은 내 판단이고 내 생각일 뿐이었다. 에고였다. '그래야 한다'는 것은 없었다.

○ 호오포노포노,
용서와 치유의 씨앗

용서한 사람은 나인데, 오히려 공격당하는 상황을 겪었다. 그런데 난 현장에서만큼은 평소답지 않게 제법 평온했다. 감정과 에고가 한 덩어리가 되어 롤러코스터 타듯 오르내렸지만, 그 폭이 크지 않았다. 스위치를 누르면 설정이 바뀌듯, 쏟아지는 비난 속에서도 꽤 빠르게 평온을 되찾았다. 예전의 나였다면 공격받았다는 수치심에 터져 나오는 울분을 주체하지 못하고 그 자리를 박차고 나가든가 억울함에 항변했을 것이다. 어떻게 이런 변화가 가능했을까?

그 방법은 바로 '호오포노포노'다. 시댁에 가기 전, 《호오포노포노의 비밀》이란 책을 읽었다. 호오포노포노는 고대 하와이인들로부터 전해지는 일종의 '자기 정화'이자 문제 해결법이다. 하와이 말로 '호오(원인)'와 '포노포노(완벽함)'가 합쳐진 말로 '바로잡는다'라는 뜻이다. '미안합니다, 용서하세요, 감사합니다,

하마터면 아내로만 살 뻔했다

사랑합니다', 이 네 마디가 무의식에 저장된 과거의 고통스러운 기억들에서 자유로워지도록 돕는다고 알려져 있다.

전에도 인터넷에서 호오포노포노를 처음 접해 무조건 따라 해 본 적이 있었다. 당시에는 '용서하세요. 미안합니다'라는 말에 강한 거부감을 느꼈다. '내가 뭘 잘못했다고? 난 용서를 구할 게 없는데?' 하는 반감이 컸기 때문이다. 하지만 '어떤 상황에서든 미안합니다. 나를 용서해 주세요'라고 말하면 된다는 믿음으로, 이 말을 수없이 반복했다. 그러자 그동안은 막연하게 좋다고만 알고 있던 것이 꽤 또렷해진 느낌이었다.

특히 중요한 점은 호오포노포노를 특정 상대가 아니라 내 안의 정보를 향해 말해야 한다는 것이다. 호오포노포노는 '내 삶의 모든 것은 전적으로 내 책임'이라는 것을 전제로 한다. 받아들이기가 쉽진 않았다. 분한 마음이 일었지만 일단 틈나는 대로 호오포노포노를 반복했다. 단기간 호오포노포노를 했다고 상황이 마법처럼 바뀌진 않았다.

하지만 분명한 변화는 계속되는 공격에도 꽤 성공적으로 동조하지 않았다는 점이다. 에고의 먹이가 되지 않았다. 적어도 그 상황에서 나는 감정에 사로잡혀 포로가 된 그들을 안쓰럽게 볼 수 있었다. '미안합니다. 용서하세요'를 거부감 없이 반복했다. 또한 '그 사람 때문이 아니라 기억과 싸우고 있는 것'이라는 말을 곱씹으니 상대가 밉지 않았다.

물론 후폭풍은 있었다. 나도 사람인지라 상처가 된 그 모진 말들이 이후에도 불쑥불쑥 떠올라 힘들었다. 그런데도 내가 계속 호오포노포노를 할 수 있었던 이유는 무엇이었을까?

고통스러운 문제를 해결하기 위해 오로지 나 자신을 정화하면 되었기 때문이다. 시부모님의 마음과 남편의 생각을 바꿀 순 없지만, 내 말과 행동은 통제할 수 있다. 상황과 상대를 바꾸려고 애쓸 필요 없이 그저 이 모든 것이 내 책임임을 인정하고 호오포노포노를 반복하면 되었다. 그러면 갈등 상대와 문제 상황은 자연스럽게 해결된다. 호오포노포노는 문제를 외면하는 것이 아니라 적극적으로 나를 정화하는 행위다.

호오포노포노를 통해 에너지를 정화하고, 사랑을 회복해 감사와 존경, 변화를 이끈다는 것. 나는 이 힘을 믿는다. 호오포노포노를 실천할수록 현실을 수용하고 사랑하게 되었다. 이 모든 것이 내 책임이라는 것을 인정하니, 내면의 시끄러웠던 감정들은 비워지고 용서와 사랑, 감사로 채워졌다.

미안합니다. 용서하세요. 감사합니다. 사랑합니다. 단 네 문장이지만, 평화를 가져다 주는 강력한 힘을 지니고 있다.

내 마음을 들여다보는 책

《호오포노포노의 비밀》

조 비테일, 이하레아카라 휴 렌 지음, 황소연 옮김, 판미동, 2011

'미안합니다, 용서하세요, 감사합니다, 사랑합니다.' 이 네 마디 주문은 현대 하와이
식 치료법인 호오포노포노다. 이 단순한 말에는 엄청난 치유의 힘이 있다. 에너지
를 정화하고 사랑으로 채워 준다. 호오포노포노의 원칙과 의미를 제대로 알고 실
천하면 삶의 불균형과 여러 문제를 가장 단순한 방법으로 해결할 수 있을 것이다.

상처받지 않으려고
애쓰지 않기

지금껏 내가 경험한 상처는 대부분이 나를 사랑하지 않는 사람 혹은 '남'에게 받은 것이었다. 하지만 상처는 의외로 가족 간에 주고받는 경우가 많다. 뉴스에서 부모와 자식 간에 일어나는 학대를 심심치 않게 접한다. 세상 모든 부모가 부모라는 이유로 당연하게 자식을 아끼고 사랑하는 것은 아니었다.

반대로 자식이 상속 때문에 형제지간 혹은 부모에게 위해를 가하기도 한다. 철없는 엄마를 돌보느라 일찍 철든 딸들도 있다. 이처럼 저마다의 사정으로 가족에게 상처받고 아파하는 사람들을 종종 본다. 그리고 이젠 나도 그 중 한 사람이 되었다.

∘ 사랑한다는 이유로
  상처를 허락하지 말 것

　누구보다 생활력 강하고 독립적이었던 나는, 연애할 때도 결혼할 때도 연민이나 희생은 기꺼이 감수해도 나를 함부로 대하는 사람은 뒤도 안 보고 관계를 끊겠다는 생각이 확고했다. 그래서 더욱 멀쩡하다가도 술만 마시면 돌변하는 배우자를 참고 산다는 이야기를 이해할 수 없었다. 아무리 사랑해도 술과 폭력, 그 반복되는 불안과 고통 속에 살아가야 한다면 내 삶을 위해 반드시 헤어져야 한다고 생각했다. 누구나 행복할 자격이 있고 삶은 소중하기 때문이다.

　어쩌면 내가 아직 아이가 없어서 쉽게 말할 수 있었는지도 모른다. 그랬던 내가 첫 임신과 유산을 겪으면서 남편에게 심리적으로 의지하며 보살핌을 갈구하기 시작했다. 생명이 깃들고 나니 이젠 정말 원가정을 떠나 완전히 새로운 가정을 이뤘다는 것을 실감했다. 하지만 기쁨도 잠시, 가장 위로가 필요했던 시기에 남편은 점점 멀어졌다.

　멀어지다 못해 버림받은 경험은 내게 아주 깊숙한 상처로 남았다. 남편의 분노와 나의 심신미약 상태는 짝을 이뤘고, 생채기가 채 아물기도 전에 다시 상처가 나길 반복했다. 죽을 것처럼 아파서 차라리 죽고 싶다는 생각까지 했다. 남이라면, 안 보고 살면 그만이고 내가 이토록 싫은가 보다 여기면 그만이지만 연애부터 6년을 서로 사랑한 남편이었다.

나중에서야 남편은 그 당시 직장 스트레스와 여러 가지 악재가 겹쳐 우울한 상태였다는 사실을 알았다. 운전하면서 경적한 번 안 울렸던 그였는데, 그 시기에는 조금이라도 정체되는 상황을 못 견뎌했다.

나는 그와 가장 친밀했던 만큼 제일 많은 영향을 받았다. 사랑하는 배우자에게 남보다 못한 취급을 받는 경험은 그 어떤 것보다 잔인했다. 하지만 예전의 좋았던 때로 돌아갈 수 있다는 희망을 놓지 못했다.

사랑한다고 꼭 모든 상처를 감내해야 하는 것은 아닌데, 그땐 사랑한다는 이유로, 이럴 사람이 아니라는 믿음으로, 다시 돌아올 것이라는 희망으로 버텼다. 그를 향해 올라간 관계의 시소를 차츰 내리기 시작한 것은, 이렇게까지 존중받지 못한 채 그와 함께할 이유가 없다는 점을 자각하면서부터였다. 계속해서 상처를 주는 것은 사랑이 아니다. 적어도 그 당시에는 남편에게서 나에 대한 존중과 사랑을 느낄 수 없었다.

∘ 서로 사랑하면서
상처 주는 이유

10만 부 넘게 판매된 최광현의 《가족의 두 얼굴》에서, 가족

하마터면 아내로만 살 뻔했다

간에 상처를 주고받는 이유에 대한 통찰을 얻을 수 있었다. 저자는 사랑하지만 서로 상처를 주고받는 이유를 '전이 감정' 때문이라고 말한다. 이것은 프로이트가 고안한 개념으로 어릴 적 상처, 과거의 경험 등으로 무의식에 새겨진 감정이 현재의 다른 대상에게 투사되어 재현된다.

책에 따르면, 놀랍게도 전이 감정은 부부관계에서 특히 많이 나타난다고 한다. '상처받은 어린 시절의 내면 아이'는 현재의 삶이 고통스럽고 힘들면 자연스럽게 튀어나온다. 상대에게 전이 감정이 생겨나 문제가 상대에게 있다고 착각하게 한다. 그리곤 상대를 공격하거나 자기합리화를 한다.

또한, 상처 받았을 때 누구에게도 다가가지 못하는 사람은 한 번도 사람을 통해 치유를 경험한 적이 없기 때문이라고 한다. 이들은 상처를 더욱 꽁꽁 싸맬 수밖에 없다. 어린 시절 가족에게 감정적으로 수용되는 경험을 못 했거나 거부당한 경험을 한 사람은 성인이 되었을 때, 자신도 모르게 이 상처받는 내면 아이가 상대방에게 발현된다고 한다. 그리고 어느새 상처를 주고 있는 자신을 발견하고, 지나친 행동을 하거나 감정을 억누르다가 폭발하기도 한다.

나는 남편이 떠올랐다. 그는 자신의 치부나 고통, 상처를 드러내기보다 혼자 감내해야 하는 일이라고 여겼다. 오히려 다른 이에게 털어놓는 행동을 나약하다고 생각했다. 그동안 내가 더 고통스러웠던 까닭은, 남편의 행동에 대한 이유를 도통 알 수 없었기 때문이다. 왜 이토록 끔찍한 위기를 겪고 있는지 원인이라도 알면 이해라도 해볼 텐데 무엇도 명확하지 않았다. 이런 답답한 상황은 나에게 더 큰 불안과 무력감을 주었다. 조금이라도 이해해 볼 수 있었던 것은, 어린 시절의 상처는 무의식에 남아있기 마련이고 자신도 모르는 사이 튀어나와 가장 가깝고 소중한 사람을 투쟁의 대상으로 삼는다는 사실이었다.

다른 사람들에게는 한없이 친절하고 좋은 사람인데, 왜 유독 가까운 사람에게 상처를 줄까? 저자의 다른 책《가족의 발견》에서 그 이유를 찾았다. 이 책에서 우리는 왜 가족에게 상처 받고 고통스러워하는지, 이는 어떻게 치유할 수 있는지 심리학으로 알아 볼 수 있다. 가까운 이에게 상처를 주는 이유는 바로, 그 사람은 과거에 상처를 경험할 당시 제대로 공감 받지 못했기 때문이다. 그래서 사랑하는 사람 앞에서 무의식적으로 더 쉽게 분노하고 함부로 말하며 이기적인 행동을 보이고, 이것은 또 다른 상처를 만들어 낸다. 그 이면에는 자신이 소중하게 여기는 사람에게 공감 받아 치유하고 싶은 욕구가 있다는 말에, 남편을 상처받아 투정 부리는 어린아이로 바라볼 수 있었다.
그전에도 남편에 대한 연민의 마음은 깊었지만, 이유를 몰라

하마터면 아내로만 살 뻔했다

답답했다. 하지만 남편이 어린 시절에 치유 받지 못한 상처가 나 좀 돌봐 달라고 튀어나와 무의식적으로 보인 행동이었을 수도 있다는 사실을 이해했다. 그러자 자책으로 괴로웠던 마음이 가벼워졌다.

○ 상대에게
인정받고자 하는 마음

"상처는 우리 인생에서 가장 큰 자기 성장 동력이다."

-《가족의 발견》 중에서

처음에는 코웃음 쳤다. '성장하려다가 죽겠네' 싶었다. 치유나 회복이면 모를까, 상처를 '성장'과 연결 짓기 어려웠다. 하지만 《가족의 두 얼굴》, 《가족의 발견》을 시작으로 책을 두루 읽고 나니 비로소 그 말뜻을 이해할 수 있었다. 나 역시 고통스러웠던 상처가 내 삶에 큰 성장 동력이 되었으니 말이다.

남도 아니고 내게 소중한 사람에게 비수 꽂히는 말을 듣는 일은 몇 배로 타격이 크다. 가장 인정받고 공감 받고 싶은 사람에게 가장 이해받지 못하면 그 심리적 거리는 어마어마하다. 억울하고 속상한 마음에 오해를 풀고자 열심히 설명하기도 한다. 나의 진심을 설명하면 언젠가 이해받을 수 있다고 믿기 때문이다.

그러나 이해받으려고 애쓸수록 벽만 더 높아진다. 나 또한 공감과 수용, 인정을 바랐고 오해를 풀어야 관계를 회복할 수 있다고 생각했다. 하지만 사실은 상처받지 않으려고, 또한 내가 옳다는 것을 증명하기 위해 에너지를 쏟고 있었다.

김혜령의 《내 마음을 돌보는 시간》에서는 상처 주는 말을 내 뱉는 사람일수록 마음이 병들어있는 경우가 많다는 깨달음을 얻었다. 내가 인정받아야 할 대상은 상대방이 아니라, 나 자신이었다. 상대가 내 진심을 몰라 줘서 내가 지금 속상하다는 점, 그에게 인정받고 싶어 한다는 나의 바람을 자각했다.
　상대를 이해시키거나 내 마음과 같게 바꿀 수 없어도 괜찮다. 그의 이해나 공감이 없더라도 스스로를 알아주고 인정해 주는 일은 개인의 의지로 충분히 할 수 있다. 이렇게 새로운 관점을 장착하면, 상황은 변하지 않아도 나의 마음은 한결 편안해진다.

◦ 내 허락 없이는
　누구도 나를 해칠 수 없다

　상처에 대해 이렇게 깊이 고민하고 생각해 본 적이 있던가? 그저 상처받고 상처 주고 화해하고 용서하고, 그렇게 수면 위에서 발장구치듯 상처를 대했던 것 같다. 무의식이라는 깊은

　　　　　　　　　　하마터면 아내로만 살 뻔했다

뿌리를 알고서야 내 것이든 상대의 것이든 수면 아래 깊은 상처까지 바라보고 포용할 수 있었다. 무엇보다도 상처는 누군가 나에게 던진 공격적인 말 때문이 아니라 내가 그 말에 상처받기를 선택했기 때문이라는 점을 받아들이게 되었다.

처음엔 '무슨 소리야? 이런 말을 들어서 내가 상처받은 거잖아?' 하고 생각했다. 하지만 스스로 상처받았다고 느꼈기 때문에 그 말이 내게 상처가 되는 것이었다. 누군가가 나에게 "요즘 살 많이 찐 것 같다?"라고 했을 때 그 말이 무조건 상처가 되진 않는다. 듣는 사람 혹은 상황에 따라 "내가 뭐 어때서?" 하며 대수롭지 않게 넘길 수도 있고, "안 그래도 살찐 것 같아 신경 쓰였는데. 내가 정말 그렇게나 살이 쪘어?" 하며 상처받고 좌절할 수도 있다.

태국 남푸껫 마을에서는 100킬로그램이 넘는 여성이 미인이라고 한다. 이 마을 여성이 살쪘다는 얘길 듣는다면 칭찬으로 받아들일 것이다. 이처럼 문화적 차이, 환경, 내 생각과 상황에 따라 같은 말이라도 다르게 받아들여질 수 있다. 즉, '살쪘다'는 말이 곧 '상처 되는 말'은 아니라는 뜻이다. 나도 심신이 건강했을 때는 대수롭지 않게 넘겼지만, 그렇지 못할 때는 상대의 장난스러운 말 하나에도 쉽게 상처받았다. 하지만 상대가 나를 좋아하든 싫어하든, 내게 어떤 말을 하든 전혀 휘둘릴 필요가 없다.

　내 중심이 바로서지 않을 때 누군가 나를 비난하면 억울한 마음이 올라와 분하고 속상하다. 그렇지 않음을 증명해 보이려 하거나 피해의식에 사로잡히기도 한다. 하지만 남이 나를 어떻게 판단하든 자신의 모습 그대로 충분하다. 남들이 내린 평가와 판단에 연연할 필요가 없다. 그들이 어떻게 바라보든 '당신은 나를 그렇게 생각하는군요' 하면 그만이다. 누구도 나의 허락 없이 나를 해칠 수 없다. 이렇게 남들의 말에 휘둘리지 않을 만큼 내 중심이 단단하면 나에 대해 이렇다 저렇다 하는 말에 조금은 덜 상처받을 수 있다.

　나 역시 시부모님의 가시 돋친 말을 그 순간에는 차분히 받아 낼 수 있었다. 예전 같았으면 억울하고 분한 마음에 공격을 분노로 되받아쳤을 것이다. 하지만 그들의 말에 상처받지 않기를 선택했다. '아, 저를 그렇게 생각하고 계셨군요. 저의 행동과 생각이 모두 문제였다고 생각하시는군요. 그렇군요' 하며 넘길 수 있었다. 물론 나도 사람인지라 그때의 말이 두고두고 떠올라 상처받고 또 화나기도 했다.

　그러나 지금은 분명하게 안다. 그들이 나를 뭐라고 판단한들, 내가 정말 그런 사람이 되는 것은 아니다. 나를 평가하는 것은 그들의 자유이다. 나를 어떻게 보던 나는 그저 내 모습 그대로이면 된다. 과거에는 모두에게 좋은 평가를 받아야 한다고 생각했다. 그래서 오해받거나 비난받는 상황을 못 견뎌 했다. 이제는 누가 나를 삐딱하게 바라본다고 신경 쓸 필요가 없다는 것을 안다. 덕분에 지금은 폭풍우가 몰아치면 흔들릴 수는 있어도 꺾이지는 않게 되었다. 나의 허락 없이 그 누구도 나를 해칠 수 없다.

내 마음을 들여다보는 책
《가족의 두 얼굴》
최광현 지음, 부키, 2021

가족의 두 얼굴, 가족은 든든한 지원군이자 안식처가 되어 주기도 하지만 누군가에게는 아픔과 고통을 주는 대상이 되기도 한다. 우리는 왜 사랑하는 가족 간에 상처를 주고받는 것일까? 그 상처는 어떻게 치유할 수 있을까? 저명한 가족심리치유 전문가인 저자가 상담사례를 바탕으로 다양한 가족 문제를 다루며 나와 가족의 치유를 심리학적으로 풀어냈다.

강화 유리처럼
단단해지는 마음

어느 날 갑자기 무언가가 예고 없이 찾아올 때가 있다. 하늘이 무너져버린 듯한 그때 비로소 멈추어 삶을 돌아본다. 나 역시 한차례 폭풍우가 몰아친 뒤에야 내 마음을 살피기 시작했다. 피가 멎고 상처가 아물어 새살이 돋도록 매일 들여다보며 안부를 묻기 시작했다.

° 괜찮아진 줄 알았는데
왜 아직 힘들까

요즘 내 마음이 어떤지 가만히 들여다봤을 때였다. 충격에 약한 유리처럼 햇살에 반짝이다가도 작은 충격에 쉽게 금이 갔다. 완전히 깨져버릴까 봐 안간힘 쓰며 금이 간 곳을 부여잡았

하마터면 아내로만 살 뻔했다

다. 매일 같은 시각 알람이 울리고, 같은 루틴으로 출근했다. 평범한 일상이었다. 그런데 내 마음은 어딘가 예전 같지 않고 조금 낯설었다.

어떤 날은 특별히 나를 자극한 사건도 없었는데 명상하려고 눈을 감자 눈물이 주르륵 흘러내렸다. 아직 상처가 남아 있나 싶다가도 언제 그랬냐는 듯 편안해졌다. 어떤 날은 아침에 눈을 뜨는 동시에 불안감에 휩싸였다. 나를 괴롭게 했던 지난 일이 떠올랐기 때문이다. 특히 심장부를 서늘하게 만드는 싸늘함에 흠칫 놀라며, 본능적으로 몸을 더 웅크렸다. 괜찮다고 나 자신을 다독였지만, 하루의 시작부터 자극에 민감하게 반응하다 보니 밤엔 더 조심스러웠다.

그럴 때면 마음챙김과 관련된 영상도 보고 클래식 음악을 틀기도 하고, 긍정 확언을 중얼거려보기도 했다. 칠흑 같은 어둠에서 헤어 나왔다고 생각했고 그래서 다 괜찮아진 줄 알았다. 유리 같은 마음이지만 그 유리에 이따금 하늘도 비추고 달빛도 비추며 조금씩 빛을 담고 있는데, 아주 찰나지만 여전히 나의 마음은 불편했다.

◦ 같은 자극에도 크게 흔들리지 않으려면

우리 주변엔 늘 크고 작은 자극이 존재하고 마음은 그에 반응한다. 그렇다면 내게 강도 높은 자극이 몰아쳤기 때문일까? 하지만 A라는 자극이 꼭 B라는 반응으로 나타나는 것도 아니었다. 예전과 다르게 자극에 쉽게 반응하고 있었고 지쳐갈수록 고민은 깊어졌다. 바람 부는 대로 흔들리는 갈대처럼 반응하고 싶지 않았다. 그러다 놀라운 사실을 알게 되었다. 바로 자극과 반응 사이에는 '공간'이 있다는 것이다.

이는 홀로코스트의 생존자로 《죽음의 수용소에서》를 쓴 심리학자 빅터 프랭클이 언급한 말로 알려졌는데, 실은 1963년에 심리학자 롤로 메이Rollo May가 처음으로 한 말이었다. 이에 대해 《모든 관계는 나에게 달려 있다》에서 저자 황시투안은 부탄의 지그메 틴레이 전 총리의 말을 빌려, 자극에 어떻게 반응하느냐가 우리의 행복과 직결된다고 말했다. 자극과 반응 사이에 있는 공간을 넓힐수록 반응을 선택할 수 있고, 그것이 우리의 행복을 좌우한다는 것이다. 어떤 자극이 주어지면 의지와 상관없이 감정이 일어난다. 이때 즉시 반응하지 않기 위해서는 자극과 반응 사이의 간격을 늘려야 한다. 이때 필요한 것이 바로 '알아차림'이다.

일단 그 순간 멈추어 내 마음에 올라오는 감정을 살핀다. 그것이 어렵다면 호흡을 알아차리는 것만으로도 충분하다. 들숨과 날숨, 이렇게 호흡에 집중하다 보면 어느새 튀어나오려던

하마터면 아내로만 살 뻔했다

감정이 차분해진다. 반응하기에 앞서 나의 감정을 관찰하고 알아차리다 보면 그 흐름을 알 수 있다. 그렇게 자극과 반응 사이에 공간이 생겨난다. 이 공간이 넓어질수록 자극에 대한 내 감정과 반응을 선택할 수 있어 자극으로부터 자유로워질 수 있다. 이 알아차림을 연습하다 보면 점점 관찰하는 시간은 길어지고 반응하는 시간은 짧아진다. 명상하는 이유와 같다. 반응의 정도와 시간이 줄어들수록 마음에 찾아오는 평온과 고요의 시간이 길어진다.

◦ 상대에게 반응해서 내 마음을 빼앗기지 말 것

남편이 나를 외면했을 때 '어떤 때라도 절대 반응하지 않고 그저 상대방을 주시하고 이해한다'는 붓다의 말을 가슴에 새겼다. 불교에서는 상대가 분노한다고 해서 나도 똑같이 분노할 것이 아니라 '상대에게 반응해서 마음을 뺏기지 않는 것'이 이기는 것이라고 했다.

편지 사건 이후 찾아간 시댁에서도 이 말을 수십 번 되뇌었다. 최대한 덤덤하게 반응했다. 속으로 흔들리기도 했지만 최소한 나를 잃어버리진 않았다. 이때 내 머릿속에서 기도문처럼 계속 다짐했던 말이 있다. '상대에게 반응해서 마음을 뺏기지 않겠다'는 것이다.

또한 《모든 관계는 나에게 달려 있다》에서 '사건을 바라보는 관점의 차이가 다른 반응을 낳는다'고 한 것을 기억했다.

'상대방은 에고에 사로잡혀 자신이 무슨 말을 하는지도 모른다. 내가 반응하지 않으면 상대의 분노는 상대의 것일 뿐이다. 그들이 나를 어찌 생각하든 그것은 내가 아니다.'

그렇게 나를 깎아내리는 그들을 한 발짝 떨어져 바라보았다. 그들의 생각을 나와 동일시하지 않았다. 무엇보다 '내 안에 지금 억울한 마음이 올라오고 있구나, 정말 속상하고 분하구나' 하고 내 감정도 알아차려 주었다. 그렇게 노력한 덕분에 그들의 말에 가슴으로 피눈물 흘리는 상처를 받진 않았다. 끝까지 며느리로서 의무도 다하였다. 나는 그저 '반응하지 않는 연습 중'이었다.

◦ 내가 선택한 반응이 나의 삶을 만든다

미국의 경영학자 스티븐 코비 Stephen Covey 는 '90대 10의 원칙'을 들며 삶의 10퍼센트는 우리에게 일어나는 일에 의해 결정되지만, 나머지 90퍼센트는 그 일에 대한 우리의 반응이 결정한다고 했다. 즉 우리는 삶 전체를 통제할 수 없지만, 적어도 내가 어떻게 반응할지를 선택함으로써 나머지 90퍼센트를 통제할 수 있다. 자극과 반응 사이의 공간을 경험하고 나니 순간의 감정이 곧바로 행동으로 이어지지 않았다. 1초, 2초, 3초…. 몇 초간이라도 멈추어 생각할 수 있게 되었다.

　이토록 내 마음을 살폈던 적이 있었던가? 자극과 반응, 그 사이에 공간을 자각한 것은 놀라운 경험이었다. 무엇보다 그 공간을 활용할수록 내 감정과 행동을 스스로 통제할 수 있다는 사실은 내게 마치 처방전과 같았다. 멈추어 관찰하고 알아차리는 연습을 하면서 감정에 휘둘리는 순간이 줄어들었고, 그 어느 때보다 자주 내면을 살피게 되었다.

　그간 내 마음에 주의를 기울였을 때는 무언가를 선택하기에 앞서 스스로 진정 원하는 것은 무엇인지 물을 때였던 것 같다. 그때만 잠깐 들여다봤던 것 같다. 반면에 다른 사람의 마음을 살피고 헤아리려 한 순간들은 숱하게 많았다. 다른 사람의 마음만 잘 살피면 괜찮을 줄 알았다. 상대가 편안하면 나도 편안했고, 상대가 뭔가 불편한 기색을 보이면 내 마음도 불편했다. 남편과의 관계도 그러했다. 힘들다고 찾아온 친구의 마음도, 무리에서 어딘가 불편해 보이는 동료의 마음도, 하물며 나를 힘들게 하는 사람까지 나는 늘 타인의 마음을 살펴왔다. '이젠 제발 네 마음 좀 들여다보라고!'라고 내 마음이 화가 난 것인지도 모른다.

한동안 나는 작은 자극에도 크게 반응했다. 10퍼센트가 아니라 99퍼센트 휘둘리고 있었다. 상처가 깊어질수록 감정은 극에 달했다. 그런데도 나는 내 상처를 외면한 채 나를 힘들게 하는 상대를 더 헤아리려고 했다. 소중한 사람이라는 이유로 내 마음보단 그 사람을 잃지 않으려고 애썼다. 내가 제일 소중한데 왜 항상 다른 사람이 편안하길 바라고 거기서 나의 평온함을 찾았을까? 다른 사람이 내게 어떻게 하든 상관없이 나를 우선으로 아꼈어야 했다. 이제라도 내 마음을 챙기기로 했다.

여전히 무의식중에 다른 사람의 마음을 먼저 신경 쓰는 나를 발견하곤 한다. 그러나 가장 중요한 변화는, 지금은 이를 알아차린다는 것이다. 알아차리고 나면 시선을 내 안으로 돌린다. 그러자 전에는 두려웠던 외부 자극을, 지금은 연습할 기회라 여겨 자신 있게 반기게 되었다. 덕분에 전보다 훨씬 내 중심을 잘 잡을 수 있다.

유리 같던 내 마음은 요즘, 제법 단단하다. 그리고 자유롭다. 이왕이면 충격에 좀 단단한 유리가 되려고 한다. 자극과 반응. 그 사이 마법의 공간에서 우리는 내면의 힘을 기를 수 있다.

하마터면 아내로만 살 뻔했다

내 마음을 들여다보는 책

《모든 관계는 나에게 달려 있다》

황시투안 지음, 정은지 옮김, 미디어숲, 2021

반복적으로 문제가 나타난다면 그것은 '신념'에 따른 인생 패턴 때문이다. 저자는 신념이 바뀌면 사건에 대한 감정과 반응이 달라질 수 있다고 말한다. 그러기 위해서는 감정과 사고, 관계 패턴을 점검해 볼 필요가 있다. 이 책으로 자신을 힘들게 하는 과거와 작별할 수 있길 바란다.

생각의 고리를
끊어 내는 법

인식의 전환

우리는 살면서 얼마나 많은 생각을 할까? 생각은 '하는 것'일까 자연스럽게 '떠오르는 것'일까? 잠시 멈춰 오늘 하루 머릿속을 스쳐 간 생각들을 떠올리면, 시시콜콜한 일부터 굵직한 일까지 정말 오만가지 생각이 뒤엉켜 있다. 이때 불쑥 떠오르는 대부분의 생각이 과거의 일인 경우가 많다. 우리는 무의식중에도 걱정, 불안과 같은 부정적인 생각을 더 많이 한다.

한때 나도 그런 생각을 끊임없이 했다. 내 의지와 다르게 들취내고 싶지 않은 불쾌한 기억이 불쑥 떠올랐다. 한 번 떠오르면 그 생각은 상상력을 발휘해 점점 눈덩이처럼 커졌다. 무엇보다도 부정적인 생각 뒤에는 부정적인 감정이 따라다녔다. 생각이 감정과 뒤엉켜 나의 판단력과 행동력을 무력화시켰다.

하마터면 아내로만 살 뻔했다

○ 생각의 감옥에
스스로 갇혀 있던 시간

나는 '생각'이 온전히 내 의지에 달렸다고 생각했다. 감사하고 긍정적인 마음을 갖는다면 생각도 긍정적이고, 누군가를 시기하거나 미워하려 든다면 생각도 내 마음을 따라간다고 믿었다. 상대를 어떤 마음가짐으로 어떻게 바라볼지는 전적으로 개인의 의지에 달렸고 그것이 생각에 반영되어 행동으로 이어진다고 생각했다. 그래서 결과적으로 나의 행동과 생각 모두 스스로에게 책임이 있다고 생각했다. 그래서 더 신중했고 나쁜 생각, 불편한 생각은 하면 안 된다고 애써 억눌렀다.

그때는 그것이 생각으로부터 자유로워지는 방법이라 여겼다. 사실은 괜찮지 않아도 '괜찮다'고 생각하면 다 좋아진다고, 생각을 스스로 통제하고 있다고 믿었다. 하지만 생각도 감정처럼 억누르면 언젠가 몸체를 키워 다시 올라온다. 그러고는 나 좀 봐달라고 더 심하게 떼를 쓴다.

내 마음과 생각이 일치할 때도 있었다. 감사 일기를 꾸준히 쓰면서 사소한 일에도 감사함이 올라왔다. 또 상대를 판단하지 말고, 타인에 대해 함부로 말하지 말자고 매일같이 다짐했다. 그러자 어느 순간, 직원들이 누군가를 험담해도 동조하지 않는 나를 발견했다. 그저 '그랬구나, 그 사람 입장에서는 그럴

수도 있구나' 하게 되었다.

　반면에 내 의지와 상관없이 괴로운 생각에 사로잡히기도 했다. '코끼리는 생각하지 마'라고 하면 그 순간 머릿속에 이미 코끼리가 있다고 하지 않는가? 예를 들어, 테드TED 강연으로 큰 주목을 받은 사이먼 시넥 Simon Sinek 은 인간의 뇌는 부정이라는 개념을 이해할 줄 모른다고 한다. 스키 선수가 '나무를 피해야지'라고 생각하면 나무만 눈에 들어온다. '나무를 피해야 해'가 아니라 '눈길을 따라가야지'라고 생각해야 한다고 말한다.

　생각하지 않으려고 애쓸수록 그 생각에서 헤어 나올 수 없었다. 나중에는 기억뿐만 아니라 단어만 들어도 과거의 안 좋았던 경험이나 생각이 반사적으로 떠올랐다. 내겐 남편의 '외박', 그 여자의 '편지', 나를 무섭게 다그쳤던 '시댁'이 그랬다.

◦ 스스로 몸집을 불리는 부정적인 생각

　경험으로 확실히 배운 한 가지는 내 중심이 흔들리고 심신이 약해져 있을수록 부정적인 생각에 더 쉽게 빠진다는 점이다. 《합리적 정서행동치료》에서는 이를 '정서장애'로 설명한다. 정서적인 문제를 겪을 때 인간은 역경을 기억하며, 그 일이 반복되거나 혹은 상황이 더 나빠질까 봐 두려워하는 마음이 생긴다고 한다.

살면서 외부 자극으로부터 가장 취약했을 때는 강제로 임신을 종결시키던 때였다. 다 내 탓 같아 미안한 마음이 가득했다. 상실감으로 힘든 나날을 보낼 때 나의 시선과 마음은 모두 남편을 향해있었다. 회사도 바빴고 일 욕심도 많았던 그는 나의 상실감과 외로움을 달래 주지 못했다. 그럴수록 나는 그의 연락, 말 한마디에서 사랑을 찾으려 애썼다.

매일 늦는 남편의 퇴근 연락만을 목 빠지게 기다렸다. 밤늦은 시각이 내 인내심의 한계였고, 이때 연락이 바로 닿지 않으면 불안했다.

'일하다 잠들었나? 누구랑 얘기하고 있나? 과로로 쓰러진 건 아닐까?'

그렇게 꼬리에 꼬리를 무는 생각은 불안의 불씨를 키웠다. '남편마저 잃는 것은 아닐까?' 하는 두려움이 가장 컸다.

아침 명상으로 하루를 시작한 뒤로는 매사에 감사한 생각이 더 자주 올라오지만, 여전히 불쑥 떠오른 부정적인 생각을 붙잡고 있는 나를 발견한다. 남편과의 갈등이 있던 지난날에는 더 심했다. 부정적인 생각이 꼬리에 꼬리를 물었다. 그러다가도 '이러면 안 돼, 생각하지 말자'며 습관적으로 생각을 억눌렀다. 명상을 시도해도 가슴이 답답해 호흡이 불편했다. 부정적인 생각의 고리부터 끊어내야 했다.

° 오만가지 생각에서
벗어나는 방법

정말 오만가지 생각이었다. 생각을 두고 왜 '오만가지'를 붙일까? 실제로 미국 심리학자 샤드 햄스테더 Shad Helmstetter 박사는 인간이 하루에 5~6만 가지 생각을 한다고 말했다. 더 놀라운 사실은 그 생각 중에 70~80퍼센트는 부정적으로 흘러간다는 것이다. 자꾸 부정적인 생각이 먼저 떠올라도 결코 이상하지 않다. 생각이라는 것은 하면 할수록 한 방향으로 치우치기 쉽다. 그렇게 자기 생각에 갇혀버린다. 생각은 쉽게 사라지기도 하지만 깊이 박혀 한순간에 나를 집어삼키기도 한다. 이때 생각의 고리를 끊어낼 몇 가지 방법이 있다.

첫 번째는 '알아차림'이다. 생각 '안'에 있어서는 절대 벗어날수 없다. '아, 내가 또 이 생각을 하고 있었구나' 하고 알아차리면서 생각 밖으로 한 발짝 떨어져 나와야 한다. 그러고 나서 상황을 다시 바라보는 연습이 필요하다. 일정한 거리를 두고 전체를 바라보는 것, 마르쿠스 아우렐리우스는 《명상록》에서 이것을 '새의 시각'이라고 표현했고 심리학에서는 '객관적 관찰'이라고 한다.

의외로 우리는 스스로 무슨 생각을 하고 있는지 모를 때가 많다. '현재의 나'에게 집중하여 지금 하는 '생각'을 알아차리는 것이 중요하다. 가만히 나를 들여다보며 내 생각을 알아차리면 덕지덕지 붙어있던 추측과 상상이 떨어져 나간다. '일어난 일(사실)'이라는 알맹이만 남는다. 그동안 하나의 '사건'보다 내가 갖다 붙인 생각이 훨씬 더 많다는 것을 깨달았다. 적어도 무슨 생각을 하고 있는지는 알아차리는 것만으로도 부정적인 생각을 최대한 빠르게 흘려보낼 수 있다.

두 번째는 '주위 환기'가 필요하다. 생각의 방향을 순간 바꾸는 전환점, 즉 주위를 환기하는 무언가가 필요하다. 나는 생각에 빠져있음을 알아차린 다음에는 무조건 몸을 움직인다. 가볍게 걷거나 노래를 틀어놓고 설거지를 하기도 한다. 이런 움직임을 통해 생각을 환기하는 것이다. 자리에서 일어난다거나 숨을 크게 들이마시며 기지개를 켜 보아도 좋다. 여행도 장소를 바꿈으로써 전환 스위치를 켜는 일이다. 머릿속을 맴도는 생각을 청소기로 빨아들이듯 없앨 수는 없지만, 주위를 환기함으로써 생각을 멈추거나 그 방향은 바꿀 수 있다.

세 번째는 '신념(관점)'을 바꾸는 것이다. 고대 철학자 에픽테

토스가 남긴 유명한 말이 있다.

"사람은 벌어지는 사건이 아닌, 그 사건에 대해서 갖는 관점 때문에 고통 받는다."

실제로 같은 자극을 받는다고 모두 같은 감정을 느끼진 않는다. 어떤 관점으로 받아들이느냐에 따라 전혀 다른 느낌을 받을 수 있다. 가령 길을 걷고 있는데 맞은편에서 친구가 보였다. 손을 흔들어 인사했는데 그냥 지나쳤다. 이때 A는 '어? 나를 못 봤나 보네' 하며 아무렇지 않았지만, B는 수치심을 느끼며 화가 났다. 그 친구가 나를 보고도 못 본 척 무시했다고 생각했기 때문이다. 반면에 같은 상황에서 C는 '내가 뭘 잘못했나?'라고 곱씹으며 의기소침해졌다.

《합리적 정서행동치료》에서 소개한 수잔의 상담 사례도 있다. 수잔은 무의식중에 남자를 위험한 존재라고 생각했다. 또한, 남자에게 거절당하는 이유는 자신이 보잘것없어서라며 남자를 피했다. 이에 수잔이 남자에 대해 갖고 있던 부정적인 생각 하나를 바꾸자 불안감과 회피행동이 눈에 띄게 감소했다.

나는 내게 상처를 준 사람에 대한 관점을 바꿔 보았다. 그동안 상대가 나를 향해 쏟아낸 비난을 곱씹으며 '내가 정말 그런 사람일까?' 하고 생각하고 있었다. 하지만 《수도자처럼 생각하기》를 읽다가 나의 관점을 바꾸는 한 문장을 발견했다.

"누군가 나에게 상처를 준다면 그것은 그가 상처받은 사람이기 때문이다."

한동안 이 문장을 곱씹었다. 그리고 나에게 상처를 준 대상을 이 관점에서 다시 바라보았다. '그들이 상처받은 사람이라 내게 그랬구나' 생각하자 미움이 아닌 연민의 마음이 올라왔다. '나한테 어떻게 그럴 수가 있어?' 하던 억울함과 분노가 가라앉았다. 그렇다. 그들 안에 사랑과 감사가 가득했다면 그렇게 하지 않았을 것이다.

또한 '상대는 나를 비추는 거울'이라는 말을 떠올렸다. 원망스럽고 내 상식으로는 도저히 이해할 수 없는 상대일지라도 그모든 것이 나를 위해 등장한 인물이라고 생각해 보았다. 내 안에 해소되지 못한 어떤 생각과 감정을 풀어 주려고 남편을, 시부모님을 내 앞에 세웠다고 바라보니 한결 너그러워졌다.

'무엇을 먹느냐가 우리 몸을 만든다'는 말처럼, 내가 하는 생각이 내 마음을 만든다. 불교에서는 고통을 두 개의 화살로 비유한다. 첫 번째 화살은 살면서 겪는 피할 수 없는 고통이다.

누군가의 죽음, 사고와 같이 어찌할 수 없는 일들 말이다. 신이 아닌 이상 첫 번째 화살을 피할 방법은 없다.

하지만 두 번째 화살은 다르다. 이것은 스스로 만든 괴로움이다. 앞의 사건을 놓고 자책, 원망, 저항, 분노, 슬픔, 도피와 같이 스스로 만들어 낸 생각과 반응이다. 이 화살은 내 의지로 얼마든지 피할 수 있다. 나 역시 이제는 어떤 생각도 두렵지 않다. 그것이 나를 불안하게 하는 부정적인 생각일지라도 알아차리면 그만이었다. 그렇게 생각에서 조금씩 자유로워졌다.

내 마음을 들여다보는 책
《합리적 정서행동치료》
앨버트 엘리스·캐서린 맥클라렌 지음, 서수균·김윤희 옮김, 학지사, 2007

현대 심리치료기법 중 하나인 합리적 정서행동치료(REBT)에 관한 이론서이다. 비합리적인 신념을 합리적인 신념으로 바꿀 수 있다면 자연스럽게 감정과 행동도 달라진다. 이렇게 되면 당신을 둘러싼 문제의 상당 부분도 자연스럽게 해결될 것이다. 이 책을 통해 자신의 비합리적인 신념을 찾아보길 바란다.

지금, 여기에서 할 수 있는 일을 하라

상처받았거나 마음이 울적한 날이면 나는 이불속으로 들어 갔다. 식욕도 없었고 생각하기도 싫었다. 아무 의욕도 없었다. 커튼도 걷지 않은 컴컴한 방에서 몸을 축 늘어뜨린 채 잠들 때 까지 드라마를 몰아보거나 소설에 빠져들었다. 눈이 피로해도 멈출 수 없었다. 멈추는 순간 생각이 떠오르고 답답해졌기 때 문이다. 이것이 일시적이라면 재충전의 시간이겠지만, 며칠 동 안 반복된다면 휴식이 아니라 무기력에 빠진 것이다.

° 아무것도 할 수 없는 무기력에 풍덩 빠지다

긍정심리학의 창시자, 마틴 셀리그만 Martin Seligman 은 '자신에게 무슨 일이 일어나든 스스로의 처지를 바꿀 수 없는 상황에서 생기는 감정'이 무력감이라고 했다. 나 역시 남편과 갈등을 겪는 동안 엄청난 무력감을 느꼈다. 무기력은 마치 진흙처럼 아래로 아래로 내 발목을 잡아 끌어내렸다. 내가 노력해서 바꿀 수 있는 것도 없고 견딘다고 나아질 상황도 아니라는 생각에 이르렀다. 그러자 모든 의욕을 잃고 한없이 무기력해졌다. 무슨 행동을 한들 희망이 없다는 절망감에 수면 아래로 가라앉았다.

웬만해서는 추리소설을 읽으며 소설 속 세계에 잠시 빠져들었다가 사르르 눈 녹듯 회복했을 텐데, 한 글자도 읽히지 않았다. 그 좋아하는 드라마에도 집중할 수 없었다. 축 늘어져 아무것도 하기 싫었지만 무언가 몰입할 대상은 필요했다. 그래야 이 시간을 견딜 수 있었다. 결국, 나는 휴대전화에 게임을 설치했고 틈나는 대로 접속했다. 눈이 뻑뻑하고 머리가 아팠지만 쉽게 손에서 놓지 못했다. 살기 위한 몸부림이었다. 그나마 게임에 열중하는 동안에는 아무 생각이 들지 않아 숨통이 트였기 때문이다.

미국 임상심리학자 롤로 메이 Rollo May 는 마음의 병을 안고 있는 사람들이 공통으로 가지고 있는 것이 '무기력'이라고 말했다. 나도 모르는 사이 점점 무력감과 우울감에 잠식되고 있었

하마터면 아내로만 살 뻔했다

다. 무기력이 불안과 우울을 불러왔고 그것은 다시 무기력을 불러왔다. 의욕과 의지가 모두 꺾인 채 멍하니 숨만 쉬었다. 한동안 화분도 돌보지 않아 그 무성하던 잎은 물론 줄기까지 바싹 말라가고 있었다. 생기를 잃고 축 처져 있는 잎은 딱 내 모습 같았다. 더는 이렇게 살 수 없었다. 이 무기력의 늪에서 하루빨리 벗어나야 했다.

◦ 무기력이 이끄는 파괴적인 결과, 자살 충동

어쩌다 이렇게 됐을까? 10대 때는 카리스마 넘치는 정의로운 반장이었고 20대에는 24시간을 빼곡히 살며 생활력 강하고 당찬 아이로 불렸다. 사람과 책을 인생선배 삼아 주도적으로 답을 구하거나 꼬박 일기를 쓰며 스스로 답을 찾았다. 웬만한 고난과 시련에도 좌절하지 않고 긍정적으로 헤쳐 나갔던 나였다. 그런 내가 어쩌다 이 정도로 무기력해졌는지 그 원인을 찾아야 했다. 이유를 알면 무기력에서 벗어날 수 있다고 생각했다. 하지만 그 시작점을 알 수 없었고 돌아온 것은 더 큰 무기력뿐이었다.

마틴 셀리그만은 《낙관성 학습》에서 '무기력은 내가 무얼 하고 어떻게 반응하던, 아무런 변화도 얻을 수 있는 것도 없다는 것을 깨닫는 경험에서 생긴다'고 말했다. 나는 무기력에 빠지던 전후 상황을 되짚어봤다. 통제력 상실, 노력해서 바꿀 수 없는 현실에서 오는 좌절감, 사랑하는 사람에게 가장 하찮은 존재가 되었다는 상실감과 그로 인해 바닥에 떨어진 자존감. 이 모든 요소가 나를 벼랑 끝으로 내몰고 있었다.

11월, 서늘한 밤이 깊어질수록 우울감이 커지고 있었다. 베란다에 식탁 의자를 갖다 두고 앉아 하염없이 밖을 내다보았다. 순간 '차라리 뛰어내릴까?' 하는 생각이 머리를 스쳤다.

문득 작년에 산후우울증으로 세상을 떠난 절친한 친구가 생각났다. 명문대에 대기업, 자상한 남편, 기다리던 아기까지 남부러울 것 없이 모든 것을 가졌던 친구가 그런 선택을 했다는 것을 받아들이기 어려웠다. 그런데 그때 비로소 그 친구의 마음을 알 것 같았다.

'너도 이런 기분이었어? 너무 고통스러워서 차라리 모든 걸 끝내 버리고 싶었어?'

덜컥 겁이 났다. 남편에게 전화를 걸었지만 받지 않았다. 잠시 후 메시지가 도착했다. '우리 시간 좀 갖자' 나는 한참을 오열했다.

하마터면 아내로만 살 뻔했다

마틴 셀리그만에 따르면, 자살에는 두 가지 동기가 있다고 한다. 첫째는 현재 상황이 견딜 수 없을 만큼 고통스러워 끝내고 싶은 욕구이다. 둘째는 나의 죽음으로 사랑을 되찾거나 복수, 또는 자신이 옳았음을 증명하려는 욕구에서 비롯된다.

나는 더는 삶에 아무런 미련도 희망도 없었다. 창문을 열고 밖을 내려다보았다. 17층이었지만 너무 낮아 보였다.

'한 번에 죽어야 하는데 그러지 못하면 어쩌지?'

죽음은 무섭지 않았다. 죽지 못할까 봐 두려웠다.
그때 엄마에게 메시지가 왔다.

'딸, 밥은 잘 먹고 다녀? 내일 더 쌀쌀하대. 따뜻하게 입어. 사랑해~'

왈칵 눈물을 쏟으며 그대로 주저앉았다. 엄마는 남편과 사별하고 젊은 나이에 자식 셋을 책임지셨다. 엄마가 살아온 세월을 버틸 수 있었던 힘이 우리 삼 남매였다는 것을 잘 알기에 나는 죽을 수 없었다. 내가 상실의 고통을 또 겪게 하면 엄마는 영영 회복할 수 없을 것 같았다. 나는 마음을 고쳐먹고 죽을힘을 다해 살아보기로 했다.

공간을 비우고 정리할수록
마음도 가벼워진다

출근해 있는 동안을 빼고 나는 심히 무력했다. 먹기도 싫었고 생각은 더 하기 싫었다. 어떻게 해야 벗어날 수 있을지 끝내 무기력의 시발점을 찾지 못했다. 무기력은 어디서 시작되었는지가 아니라, 어디로 갈 것인지에 집중해 단번에 빠져나와야 한다는 것을 그땐 몰랐다. 게다가 무기력은 꽤 질긴 녀석이라서 헤어 나온 상태를 일정 기간 유지할 수 있어야 비로소 무기력에서 벗어났다고 할 수 있다. 나는 일단 자리에서 일어나 움직이기로 했다.

무기력을 극복하기 위해 가장 먼저 한 일은 몸을 움직이는 것이었다. 잡념에 빠지지 않으면서 성취를 느낄 수 있는 무언가가 필요했다. 정리는 그런 점에서 최적의 방법이었다. 집에서 침대나 소파에 늘어져 있던 나는 몸을 일으켜 작은 것부터 정리를 시작했다.

결과는 성공적이었다. 대청소가 아니라 오늘은 양말 서랍 한 칸, 다음 날은 화장대 위, 조금씩 범위를 넓혀갔다. 단 한 칸이라도 정갈하게 정리하면 뿌듯했다. 변화된 모습을 눈으로 확인하면서 성취를 느꼈다.

정리의 시작은 버리는 것이다. 신혼이라 물건이 많지 않았는데도 비울 물건이 꽤 나왔다. 나눌 수 있는 것은 나눠 주고 나머지는 과감하게 버렸다. 정리만 했을 뿐인데 집이 가벼워지고, 내 마음은 묵은 먼지를 다 털어낸 듯 후련했다. 공간의 질서는 곧 마음 상태라던데, 그래서인지 정리할수록 내 마음도 담백하고 질서 있게 정돈되었다.

내친김에 나는 정리수납전문가 자격증 과정에 등록했다. 매주 과제를 하며 정리에 대한 재미와 성취감을 함께 높였다. 나는 최고점으로 정리수납전문가 2급 자격증을 취득했다. 무기력의 늪에서 탁! 하고 나오는 순간이었다.

작은 성취가 반복되니 몸에도 활력이 생겼다. 수면 위로 올라 다시 삶을 찾은 것 같았다. 책도 조금씩 읽혔다. 게임은 까맣게 잊었다. 하지만 무기력은 내 주변을 맴돌며 호시탐탐 기회를 엿보았다. 남편과 부딪친 날이면 어김없이 컴컴한 동굴로 들어가 버렸다. 또다시 무기력해졌지만, 게임에 빠지진 않았고 전보다 빠르게 빠져나올 수 있었다. 엄청난 변화였다.

◦ **객관적으로 바라보고
나의 감정과 행동 기록하기**

《낙관성 학습》에 실린 낙관성 테스트를 해 보았다. 결과는 충격적이었다. 매사에 긍정적이라고 자부했는데 결과는 '매우 비관적'이었다. 나쁜 일이나 불행에 관해서는 충분히 낙관적이었지만, 좋은 일에 관해서는 나 자신에게 관대하지 못했다. 내가 잘해서라기보다는 상대방 덕분에, 혹은 운이 좋았기 때문이라고 생각했다.

원인을 찾을 때 외부보다는 노력이 부족하진 않았는지, 끊임없이 자기 성찰을 하며 내 탓으로 돌렸다. 남에게만 관대했다. 무언가 잘 해냈어도 객관적으로 따져 지극히 일부만 인정했다. 좋게 보면 겸손이지만, 스스로에게 관대하지도 낙관적이지도 못했다. 이 점을 새삼 자각한 것은 큰 수확이었다.

그나마 다행인 점은, 끊임없이 자기 성찰을 하면서 '나는 여기까지야, 다 내 탓이야'라며 비관하지 않았다. 오히려 적극적으로 개선 의지를 보였다. 나는 마틴 셀리그만이 제시한 '설명 양식'을 점검해 보기로 했다.

우리는 같은 사건을 두고 서로 다르게 해석하여 받아들일 수 있다. 이것을 설명 양식이라고 하며 대부분 어렸을 때 형성된다. 저자는 설명 양식에 대해 세 가지 가설을 든다. 첫 번째는 부모 특히 엄마의 원인 설명 방식이다. 엄마가 낙관적이면 아이도 그렇게 될 확률이 높다. 두 번째는 내가 잘못했을 때 어른들에게 듣는 비난의 방식이다. "그러면 그렇지" 하는 식으로 비난받은 아이는 자신을 비관적으로 바라보기 쉽다. 마지막은 어릴 적 경험한 상실과 트라우마다. 잘 극복했다면 뭐든 이겨

하마터면 아내로만 살 뻔했다

넬 수 있다고 생각하겠지만, 지속적이고 만연한 상실이라면 무력감이 깊이 새겨진다.

비관적인 사람보다 낙관적인 사람이 일시적인 무기력에서 빨리 벗어난다. 똑같이 실패를 경험해도 낙관적으로 생각하기 때문에 빨리 회복할 수 있다. 저자는 ABC 기록 방식을 제시하는데, 내가 썼던 감정일기와 비슷한 구조였다.

먼저 불행한 사건을 객관적으로 기록하고 생각과 감정을 분리한다. 그리고 왜곡된 나의 믿음을 적는다. 마지막은 나의 감정과 행동을 기록한다. 감정과 행동은 보통 왜곡된 믿음에서 나온다. 불행한 사건에 대한 설명방식을 바꾸면 사건에 대한 감정, 즉 정서적 반응 또한 달라진다. 이미 일어난 사건은 내가 어떻게 할 수 없지만, 그에 반응하고 대처하는 것은 자신에게 달렸다는 점을 명심해야 한다.

우리는 불행한 사건이 닥치면 가장 먼저 그 일을 설명하려고 한다. 그리고 그 과정에서 사건에 대한 왜곡된 믿음이 생긴다. 나 역시 원인이 무엇인지, 왜 일어났는지 스스로 해석하며 이해하려고 애썼다.

분명 그때 남편의 행동은 잘못된 것이었다. 그런데도 나는 끊임없이 나에게 문제가 있지 않았는지 생각했다. 차라리 내가 아프고 더 감내하는 편이 관계를 평화롭게 지키는 방법이라 여겼다. 그런 왜곡된 믿음을 바탕으로 사건을 바라보았고 계속 자책할 수밖에 없었다. 결국, 내가 할 수 있는 것이 아무것도 없다는 결론에 도달했고 무기력의 늪에 빠진 것이다.

무기력을 공부하면서 스스로 어떤 설명양식을 갖고 있느냐에 따라 감정과 반응이 180도 달라질 수 있다는 것을 깨달았다.

무엇보다도 그동안 나는 아무래도 괜찮다며 다른 사람을 먼저 살피고 위했던 것을 반성했다. 누구보다 먼저 나를 존중하게 되었다. 그것은 나 자신을 잃지 않는 동시에 무기력과 우울감에 빠지지 않는 방법이기도 하다. 그리고 사건이 벌어졌을 때 상대의 감정과 하나 되어 같이 타오르지 않고, 한 발짝 물러나서 상황을 객관적으로 바라본 뒤 반응하는 법을 연습해 보자. 이것은 내면을 단단하게 하는 큰 힘이 되어 줄 것이다.

내 마음을 들여다보는 책

《낙관성 학습》

마틴 셀리그만 지음, 우문식, 최호영 옮김, 물푸레, 2012

긍정심리학의 창시자 마틴 셀리그만이 쓴 책이다. 비관적인 사고에서 벗어나 우울증을 극복하고 싶다면, 큰 도움이 될 것이다. 특히 설명양식과 학습된 무기력 부분에 집중하며 읽기 바란다. 어느새 당신의 삶에 대한 태도와 관점도 낙관적으로 바뀌어 있을 것이다.

하마터면 아내로만 살 뻔했다

타인의 평가는
그들의 몫이다

한바탕 사건이 종결되고 집어 든 책이 《미움받을 용기》였다. 20대 때 읽었을 때와는 또 다른 느낌이었다. 1, 2권을 단숨에 읽는 동안 내담자가 되어 상담을 받는 기분이었다. 마치 소설을 읽으면서 그 세계에 빠져들었다 나온 것 같았다.

나는 책 속의 청년이 되어 철학자를 마주했다. 청년처럼 의문을 품었다가 감탄하길 반복했다. 같은 책이라도 내 상황과 상태에 따라 얼마든지 다르게 읽힐 수 있는 책의 힘을 새삼 깨달았다. 경이로움 그 자체였다. 30대, 아니 지금의 나에게 꼭 필요한 말들이었다. 이 책 덕분에 아들러 심리학을 공부하기 시작했고, 나의 삶도 점검할 수 있었다.

◦ 첫 번째 용기:
변할 수 있다는 믿음

'사람 잘 안 변한다'라는 말을 들어본 적 있을 것이다. 나 역시 관계에서 이를 전제로 고민했다. 실제로 이 말은 상대는 변하지 않을 테니 남을 바꾸려 들지 말고 그저 받아들이라는 취지로 많이 쓰인다. 그렇다. 본성은 잘 변하지 않는 법이고, 어린 시절의 경험이 차곡차곡 쌓여 지금의 사고방식, 가치관이 만들어졌을 텐데 쉽게 변할 리 만무하다. 전에는 상대는 변하지 않으리란 생각으로 감내하든가 관계를 끊든가 선택지는 두 가지라고 생각했다. 그런데 인간이 변할 수 있다고?

인간은 큰 사건과 같은 강력한 자극을 경험하면 한순간에 변하기도 한다. 하지만 그게 어디 쉬운 일인가? 지난 사건은 우리 부부에게 아주 큰 충격과 상처를 주었다. 그리고 남편의 눈물과 진심 어린 사과는 분명 그의 행동에도 변화를 가져왔다. 하지만 배신감의 상처가 컸던 나는, 남편을 두고 많은 생각을 했다. 애써 머리로 노력하는 관계는 원치 않았다. 서로 사랑하고 거기서 나오는 배려와 존중, 그런 자연스러운 사랑을 원했다.

남편과 나를 돌아봤을 때 우린 서로 사랑했지만, 너무 달랐기에 서로의 마음을 채워 주지 못했다. 아무리 내 상황을 설명해도 상대의 머리로는 나를 이해할 수 없었기에 진심으로 마음

하마터면 아내로만 살 뻔했다

을 헤아리지 못했다. 나 역시 마찬가지였다. 서로 벽을 느꼈지만, 사랑하니까 나름대로 더 애쓰고 노력했다.

하지만 의식적인 노력은 자신을 지치게 할 뿐 오래가지 못하는 법이다. 애쓰지 않아도 자연스럽게 서로 잘 맞는 사람이 있지 않은가? 우린 서로에게 그런 사람이 아닌 것 같았다. '그렇다면 앞으로도 똑같지 않을까?' 하는 생각이 맴돌았다. 둘 다 악의 없이, 그저 각자 그렇게 생긴 사람일 뿐이었다. 나는 남편과 헤어지는 것이 서로를 편안하게 해 주는 일이 아닐까 생각했다. 상처 때문이 아니라 진정 서로가 행복하기 위한 고민이었다. 하지만 마음은 무거웠다. 이때 《미움받을 용기》에서 철학자가 한 말에서 위안을 얻었다.

"인간은 변할 수 있어. 그뿐 아니라 행복해질 수도 있지."

쉽게 믿기진 않았지만, 용기를 내어 그 말을 믿어 보기로 했다. 그리고 머지않아 나는 그 '변화'를 조금씩 경험하기 시작했다. 분명한 변화였다. 명상하면서 나를 정화하면 상대도 변한다는 것을 배웠다. 처음에는 믿기 어려웠지만, 스스로를 정화하고 치유하는 것은 내가 할 수 있는 일이었다. 명상과 감사 일기, 운동뿐 아니라 여러 책에서 밑줄 그었던 진리의 문장들을 되새기면서 매일 나와 마주했다. 그렇게 얼마나 시간이 흘렀을까?

절대 변하지 않을 것 같던 남편이 스스로 변화하기 시작했다. 자기 몸이 망가지더라도 오로지 회사에서 인정받기 위해 악을 쓰며 일했던 남편이 조금씩 휴식과 잠을 챙겼다. 술과 담배, 육식만 고집하던 사람이 갑자기 채소를 챙겨 먹고 운동을 시작했다. 그전까진 자는 시간도 줄여 무리해서 일했고, 몸은 쉬고 싶다고 비명을 질렀지만 뒤처질까 봐 그러지도 못했다.

아파도 약이나 병원 가기를 꺼리던 남편이 영양제도 챙기고 건강을 신경 쓰기 시작했다. 별일 아닌 것 같지만 엄청난 변화였다. 그동안 옆에서 아무리 잔소리를 하고 챙겨 주려 해도 자신의 건강을 자부하며 거부했던 남편이다. 그랬던 사람이 스스로 필요성을 체감하고 자발적으로 움직이기 시작했다.

갑자기 따뜻하고 공감 어린 말을 하는 사람이 된 것은 아니었지만, 전혀 바뀔 것 같지 않았던 그의 생각에도 변화가 생겼다. 아기를 갖는 것이 자신의 날개를 꺾는 일이라 생각했던 그가 다시 아기를 갖자고 했다. "진심이야?" 하고 되묻지 않을 수 없었다. 그의 변화는 정말 놀라웠다. 그가 변하지 않을 것이라 생각하며 또다시 상처받을까 두려워하던 마음을 거두고 용기 내어 '한 번도 상처받지 않은 것처럼' 사랑하길 잘했다.

물론 그를 바꾸려 하지 않고 있는 그대로 인정하고 받아들이려는 나의 노력도 있었지만, 그의 마음가짐에 변화가 있었기에 관계는 점점 좋아질 수밖에 없었다. 이런 긍정적인 변화를 보며 '내가 조금씩 정화되고 있는 건가?' 하는 기쁨과 동시에 어쩌면 남편과 행복할 수 있겠다는 희망이 싹텄다.

° **두 번째 용기:**
타인의 과제는 과감히 쳐내라!

이 책에서 깨달은 중요한 한 가지는 바로 '나의 과제와 타인의 과제를 구별하라'는 것이었다. 이것은 결과적으로 내 생각을 바꿔버렸다. 내게 일어난 생각의 변화는 세 가지로 요약된다.

첫 번째는, 상대를 내가 원하는 대로 바꾸려는 마음을 던져버렸다. 상대를 인정하고 존중했다고 생각했지만, 은연중 '남편이라면', '결혼했으면' 하는 나만의 규정에 그를 맞춰 넣으려고 했다. 그게 옳다고 생각했다. 하지만 내가 타인의 기대를 충족시켜 주기 위해 사는 것이 아니듯, 상대도 내 기대를 채우기위해 존재하는 것이 아니다. 따라서 상대가 내가 바라는 모습이 아니라고 화를 내거나 내 기대에 부응하도록 강요하거나 구속해서도 안 된다. 철학자는 '상대가 내 곁에서 자유로움을 느끼는 만큼 사랑을 실감할 수 있다'고 했다. 우리 부부는 사랑하되 구속하지 않고 자유롭되 신뢰를 저버리지 않을 것을 약속했다. 그리고 이런 노력은 서로를 조금씩 자유롭게 해 주었다.

두 번째는 타인의 과제 말고 내 과제에 충실하기로 했다. 그동안 나는 타인의 과제까지 내 몫인 양 해결해 주려고 온 마음과 신경을 쏟았다. 결과적으로 나와 상대 모두에게 좋지 않은 방법이었다. 나는 출퇴근길이 멀어서 힘들다는 남편을 두고 내가 해 줄 수 있는 것이 없어 답답했다. 안쓰러운 마음에 수시로 주무르고 홍삼을 챙겨 주면서도 늘 미안해했다. 하지만 이 것은 그의 과제였다.

지금은 미안함 대신 고마운 마음이 더 크다. 신혼집을 내 직장과 가깝게 둔 배려가 고맙다. 그리고 그 고마움을 다른 데서 남편에게 베푼다. 남편도 달라졌다. 한때 출퇴근이 힘들다며 외박을 당당하게 요구했던 그가, 정체 시간을 피해 조금 더 일찍 출근해서 운동하고 조금 일찍 귀가하는 방식으로 바꾸어 갔다. 과제를 구분해서 받아들이는 것만으로도 마음가짐이 달라졌고 그것은 행동의 변화로 이어졌다.

세 번째는 타인이 나에 대해 내리는 평가에 연연하지 않으려는 마음이다. 예전에는 상대의 비난이나 오해를 풀려고 갖은 노력을 다했다. 하지만 타인이 나에 대해 어떤 평가를 하든 그 것은 타인의 과제라고 받아들이니 마음이 한결 편안했다. 타인의 과제는 내가 어떻게 할 수 없는 일이기 때문이다. 내가 그

　　　　하마터면 아내로만 살 뻔했다

런 사람이 아니면 그만이었다.

쉽진 않았지만 '타인의 과제'임을 상기시킨 덕분에 시부모님이 나에 대해 내린 부정적 평가를 마음에 오래 두지 않고, 모진 비난에도 자존감을 지킬 수 있었다. 나를 욕하고 말고는 그들의 자유이고 이것을 그대로 받아들일지 말지는 내 자유였다. 나는 '욕먹는 연습'이라고 생각하기로 했다. 모두에게 좋은 사람이 되려고 애써왔던 나에게는 엄청난 변화였다.

○ 세 번째 용기:
지금, 여기를 사는 용기

명상하는 이유도 '지금, 여기'를 살기 위해서다. 과거에 얽매이지 않고 미래를 걱정하지도 않으며 오로지 현재에 살기 위함이다. 이를 위해서 철학자는 몇 가지 조언을 한다.

첫 번째, '바꿀 수 없는 것' 말고 '바꿀 수 있는 것'에 주목할 것. 그동안 나는 내가 바꿀 수 없는 것들을 생각했다. 그럴수록 답답하고 무기력해졌다. 바꿀 수 있는 것은 '나'뿐이다. 나는 자꾸만 외부로 향하는 주의를 내 안으로 돌리는 연습을 했다. 상대를 바꿀 수 없어 괴로워하던 마음에서 벗어나 오로지 나에게 집중했다. 나를 먼저 돌보기 시작하자 몸과 마음이 모두 건강해졌다.

두 번째, 타인에 대한 '조건 없는 신뢰'를 가질 것. 한동안 나는 남편에게 배신당한 상황, 시부모님께 상처받는 상황에 사로잡혀 있었다. 상처를 받기 전엔 무조건 위하고 마음을 다했지만, 배신감을 느끼고 나니 하나둘 조건이 붙기 시작했다. 일종의 방어기제였다. 나는 '배신'을 '타인의 과제'로 인식하기 시작했다. '그런 일이 또 일어난다 해도 그건 타인의 과제이고, 내가 어쩔 수 없는 일이야'라며 지금 내가 어떻게 할 것인지만 생각하게 됐다.

그러자 배신당하고 상처받을까 봐 두려웠던 마음 대신 내 마음과 행동에 후회 없도록 행동하자는 마음이 바로 섰다. 그리고 어떤 상황이 닥치든 조건 없이 사랑하고 믿자고 용기를 냈다. 그렇게 조금씩 과거에서 벗어나 현재를 살아갈 수 있게 되었다.

마지막으로 나를 버리고 누군가에게 최선을 다하지 말 것. 고통스러운 시간을 겪고 나서야 깨달았다. 나는 그동안 나를 버리면서까지 상대에게 최선을 다했다. 어떤 일이든 마음을 다했고 내가 줄 수 있는 모든 것을 주었다. 상대를 위해 내가 해 줄 수 있다는 것이 좋았다. 상대에게 좋은 일이 나에게도 좋은 일이라고 생각했다. 나는 여전히 상대방을 위해 내가 할 수 있는 것을 고민한다. 무엇이든 해 주는 것이 좋다.

하지만 한 가지 배운 점이 있다면 나를 지나치게 희생하면서까지 남을 위하지는 말자는 것이다. 상대가 나를 함부로 대할 때조차 나는 사랑한다는 이유로 오로지 그의 마음만을 살피고 위했다. 내 마음이 찢기고 또 찢겨 가슴을 치면서도 상대만 바라보고 살폈다. 그래서 속절없이 무너졌다. 그때 내 마음을 외면했던 것을 반성한다. 이제는 누구보다 나 자신을 소중히 여기고 가장 먼저 돌보기로 했다. 이 다짐은 앞으로 어떤 시련과 고난이 닥치더라도 나 자신을 잃지 않게 해 줄 것이다. 그렇게 나는 용기를 내어 상처를 딛고 다시 일어섰다.

내 마음을 들여다보는 책
《미움받을 용기》
기시미 이치로, 고가 후미타케 지음, 전경아 옮김, 인플루엔셜, 2014

이 책을 모르는 사람이 있을까 싶을 만큼 꾸준히 사랑받는 책이다. 아들러 심리학을 철학자와 청년의 대화형식으로 맛깔스럽게 담았다. 대화를 따라가다 보면 어느새 나는 청년이 되어 철학자의 주장을 반박하거나 의문을 던지고 때로는 '아!' 하며 깨닫는다. 나보다 남을 먼저 배려하는 사람이라면, 타인의 과제를 내 것처럼 끌어안지 말라는 가르침이 큰 도움이 될 것이다.

심리학에서 찾은
내 인생

° 변화

시댁과는 자발적으로 자주 연락드렸을 만큼 관계가 좋았다. 특히 나는 시어머니를 좋아했다. 하지만 지난번 내가 본 어머니의 모습은 낯설었다. 남편이 무섭게 변했던 것처럼 어머니도 그랬다. 오로지 남편을 생각해 견뎠다. 내게 감정을 쏟아 내고 부모님이 받은 상처와 수치심도 씻기길 바랐다.

평소처럼 하룻밤 자고 돌아왔고 그걸로 매듭지었다고 생각했다. 그리고 명절이 다가왔다. 시댁에 가는 기차표를 예매하고 가져갈 선물을 준비했지만 무언가 석연치 않았다. 나는 두려웠다.

나를 존중하지 않는 사람을 더는 참지 않기

시댁에 가는 길, 호오포노포노를 되뇌었다. 시어머니 생신도 있어 남편이 화장실 간 사이 꽃을 샀다. 시댁에 도착한 나는 어머니를 보자마자 생신 축하드린다며 꽃부터 건넸다.

시어머니는 내려오면서 전화 한 통 없었다며, 내가 노력을 안 한다고 하셨다. 여태 왜 아기가 없냐며 이럴 거면 갈라서라는 말에 이게 무슨 일인가 싶어 멍했다. 그리고 잠시 갈등했다.

'두 번은 참지 않겠다고 다짐했는데 연 끊고 집에 가 버려? 아니면 한 번 더 숙여?'

그때 어제의 남편도 오늘의 시어머니도 상처받은 자신을 보호하기 위해 나에게 가시를 세우고 있다는 생각이 들었다. 하지만 이제 일방적인 희생은 하지 않기로 했다. 황시투안은 《인생 전환의 심리학 수업》에서 독선적인 희생은 이기심일 뿐이라고 했다. 예의를 갖춰 할 말은 하기로 했다.

"어머니, 이제 제가 말씀드려도 될까요?"

모든 것을 반박하진 않았지만, 꼭 해야겠다 싶은 말은 했다.

이날은 잘못했다는 말은 하지 않았다. 나는 시어머니가 생각하는 형편없는 사람이 아니고, 두 분께 한 번도 진심이 아닌 적 없었기 때문이다. 아기에 관해서는 남편이 "제가 미루자고 했던 거예요"라고 해명했다.

연락에 관해서도 말씀드렸다. 지난번 호되게 혼난 뒤 두 분을 대하는 일이 어려웠지만, 용기 내어 간간이 연락을 드렸고, 오늘은 두 분 다 전화를 받지 않으셔서 메시지를 남겼다고도 말씀드렸다. 내가 옳다는 것을 증명하려는 의도가 아니었다. 지난 모든 순간 나의 진심과 노력이 거짓되고 버릇없다고 여겨지는 것이 싫었다.

◦ 내 마음이 다치지 않는 선에서
　진심을 전달하라

《인생 전환의 심리학 수업》에서는 독선적인 희생 말고 평등하게 베풀며 내 마음을 보호하라고 했다. 원하는 일이 있다면 용감하게 직면하고 상대방에게 허심탄회하게 표현하라는 것이다. 나 역시 시어머니의 말을 듣고 그저 내 마음이 다치지 않는 범위에서 상대의 감정과 행동을 수용했고 나의 욕구대로 차분하되 담백하게 진심을 전했다.

"저는 어머님이 정말 좋아서 자주 연락드렸어요. 한 번도 진

　　　　　　　　　하마터면 아내로만 살 뻔했다

심 아닌 적 없고요. 편지 보고 모든 것이 절망적이었지만 둘이 잘 수습했고, 이번에도 예전처럼 잘 지내고 싶은 마음에 찾아뵌 거예요. 제가 잘했다는 게 아니라 제 진심만큼은 오해하지 말아 달라고 말씀드리는 거예요."

말을 끝내고 놀라운 일이 벌어졌다. 시어머니의 태도가 한순간 변한 것이다.

"그랬냐? 하나가 밉게 보이니까 지난 모든 게 다 미워 보이더라. 네가 지난번 아들 생일 때도 나한테 따로 꽃 보낸 것 안다. 우리 집 샤워기 필터며 이것저것 다 네가 신경 써서 챙겨준 것도 알지. 나 원래 이런 사람 아닌데 미안하다."

한순간에 달라진 반응에 잠시 당황했다. 내가 알던 어머니의 모습이었다. '뭐지? 이렇게 한순간에 바뀐다고?' 그렇게 화해 아닌 화해를 했다.

◦ 심리책이 가져 온 기적 같은 변화

삶이 찢겨나가는 고통을 딛고 다시 살아보겠다고 몸부림칠 때 심리학을 만났다. 하던 대로 책을 멘토 삼았고, 그때마다 내 상황에 따라 고른 책 대부분이 심리 서적이었다. 특히 알프레드 아들러 관련 책을 많이 읽었다. 《다시 일어서는 용기》에서 아들러는 심리학을 '한 개인이 자기 몸에 대해 취하는 태도에 관한 이해'라고 정의했다. 지금은 그 말뜻을 이해할 것 같다.

내가 심리학을 공부하지 않았다면, 시댁에서 다른 모습을 보였을 것이다. 상처받았다는 피해의식에 사로잡혀 그들의 비난을 곱씹으며 자책했을 것이다. 그리고는 억울한 마음에 시어머니의 말씀 하나하나에 그게 아니라고 울부짖었을 것이다. 남편을 비롯한 시댁 식구들을 모두 가해자로 바라보며 어떻게 나한테 이럴 수 있냐며 분노했을지도 모른다. 결국 배신감, 억울함, 우울 등 강력한 감정에 사로잡혀 나는 또다시 무너졌을 것이다.

하지만 나는 수많은 심리책을 찾아 읽으며 다양한 관점을 배웠다. 보이는 것이 다가 아니라 무의식, 내면 아이와 같은 깊은 곳에 원인이 있을 수 있다는 사실도 알게 되었다. 관점을 넓히자 실제로 같은 상황에서 나는 조금씩 다른 반응을 보였다. 그렇게 상처도 치유하며 조금씩 성장할 수 있었다.

더 놀라운 점은 나를 조금씩 변화시켰을 뿐인데, 절대 변하지 않을 것 같던 주변 사람들과 상황이 변하기 시작했다. 마치 나를 중심으로 내 주변까지 차츰 정화되는 것 같았다. 지금 생각해도 놀라운 일이다.

∘ 책이 준 통찰은
나를 살렸다

《인생 전환의 심리학 수업》은 막바지에 읽은 책이다. 제목처럼 심리학은 내 인생의 전환점이 되어 주었다. 책을 읽으며 내 경험과 통찰을 정리할 수 있었다. 첫째, 결혼생활에 있어 행복도 불행도 '상대'가 아니라 '나'에게 달려 있다. 심리학을 알기 전에는 나와 사고방식이 다른 남자와 결혼했기 때문에, 상대가 변했기 때문이라며 내 행복과 불행 모두 상대에게 달려 있다고 생각했다. 하지만 내가 변하면 상대도 변한다는 것을 경험하면서 상대가 아닌 '나'를 돌보는 데 집중했다. 그러면서 자연스럽게 상대를 역할이 아닌 존재로 바라보기 시작했고, 이것은 나에 대한 존중으로 돌아왔다.

둘째, 모든 행동 이면에는 반드시 긍정적인 동기가 있다. 비록 잘못된 행동일지라도 말이다. 시어머니가 말도 안 되는 일들로 나를 탓했던 것도 그 안에 수치심, 상처와 같은 고통이 있었기 때문이다. 어쩌면 나에게 사랑을 달라고 내면 아이가 떼를 쓴 것인지도 모르겠다. 남편은 직장에서 인정받을 때 살아있음을 느꼈다. 몸과 마음이 무너지는지도 모른 채 고도의 스트레스 속에서 안간힘 쓰며 버텼다. 그는 나름대로 자기 삶에 최선을 다하고 있었다.

이렇게 내 고통만이 아니라 상대의 고통도 살피자 내 안에서 연민과 자비심이 일어났다. 그러자 그들을 분노가 아닌 연민으로, 에고가 아닌 사랑으로 바라볼 수 있었다.

마지막은 내가 용서하지 못한 대상은 시부모님이 아니라 남편이었다는 사실을 깨달았다. 시댁을 다녀와서 딱 하루 아무것도 하지 않고 혼자만의 시간을 보냈다. 지난 일들을 곰곰이 생각해 보았다. 그러다 정말 무릎을 탁 치듯, '나는 남편을 용서하지 못하고 있었구나'라는 한마디가 떠올랐다. 나는 남편을 사랑한다는 이유로 너무 쉽고 빠르게 그를 용서했다. 아니, 그랬다고 생각했다.

나는 이혼이 아닌 회복을 선택했다. 다시 잘해보자고는 했으나 한동안 편지 내용이 떠올라서 괴로웠다. 그때도 내가 남편을 받아 주었기 때문에 감당해야 할 몫이라고 생각했다. 시부모님과도 마찬가지였다. 나는 시부모님에게 화가 났던 것이 아니었다. 시부모님이 나를 탓할수록 남편에 대한 원망과 배신감이 올라왔다는 것을 뒤늦게 깨달았다.

그 사실을 깨닫고 인정하자 가슴에 얹혀있던 무언가가 한순간 녹아버리듯 후련해졌다. 놀라운 순간이었다. 1년 남짓한 치유의 시간에 종지부를 찍을 수 있게 된 의미 있는 자각이었다.
그렇게 심리학으로 나의 관점과 해석이 바뀌자 내가 나를 대하
는 태도는 물론 남편을 비롯해 주변에서 나를 대하는 태도, 나
를 둘러싼 상황까지 많은 것이 긍정적으로 변했다.

◦ 또 다시 고통이 찾아와도
이겨낼 수 있다는 용기

요즘은 다시 태어난 것처럼 무엇 하나 좋지 않은 것이 없다.
남편과는 신혼 초가 아니라 연애 초반으로 돌아간 것처럼 좋아
졌다. 나를 바라보는 눈빛, 표현에서 사랑이 넘친다. 툭툭 건드
리며 장난도 치고 바쁜 틈에 잠깐이라도 이런저런 대화를 나누
고자 한다. 서로 사랑하고 행복하던 예전의 모습으로 돌아갔다.
내가 알던 다정하고 사랑 넘치는 남편으로 돌아왔다. 아니 그
보다 더 애틋해졌다. 기적 같은 변화다.

남편이 가장 바쁜 계절이 돌아오면, 매일 야근은 물론 주말
도 출근해야 하지만 예전과는 확연히 달라졌다. 혼자 저녁은
잘 챙겨 먹었는지, 기다리지 말고 먼저 자고 있으라고 연락한
다. 주말 한 끼라도 같이 밥을 먹으려 하고, 대화를 못 한 날에
는 짧게라도 통화한다. 아무리 바빠도 내가 필요로 할 때는 꼭
함께한다.

나도 더 이상 남편의 늦은 귀가에 불안해하거나 걱정하지 않

는다. 남편이 바빠서 함께 하는 시간이 부족하다는 상황은 똑같지만 우리 부부의 관계는 달라졌다. 예전 기억이 불쑥 떠오를 때의 괴로움도 말끔하게 사라졌다. 이젠 그때 일을 생각하면 웃음이 나온다.

시댁 식구들과는 더 친밀해졌다. 시부모님은 항상 남편에게 내게 잘할 것을 당부하며 아들 앞에서도 꼭 며느리 편을 들어주신다. 특히 어머니와는 전보다 더 가까워졌다. 예전처럼 나는 남자들 틈에서 어머니의 편을 들고 어머니는 남몰래 내게 하소연을 하신다.

겉으로 보기에는 이 모든 것이 그저 제자리를 찾은 것 같지만, 나는 그 이상의 변화가 있음을 분명하게 느낀다. 그 이유는 바로 나 자신이 변했기 때문이다. 내면이 단단해졌고 풍요로워졌다. 그렇게 내 안의 알맹이가 중심을 딱 잡고 있으니 어느것에도 휘둘리지 않고 유연해졌다. 아주 가끔 '이러다 또다시 폭풍우가 몰아치는 거 아니야?' 하는 작은 불안감이 찾아오곤 하지만 이내 사라진다. '올테면 와 보라지!' 하는 자신감과 지혜가 생겼기 때문이다.

이제는 그 모든 일이 나의 성장과 깨달음을 위해 필연적으로 벌어진 것이었으며 내게 고통을 준 사람조차 악인이 아닌, 내 인생에서 나를 위해 잠시 악역을 맡아준 배우였음을 안다.

나는 한때 모든 것이 무너져 내린 듯한 고통을 끝내는 방법은 죽음밖에 없다고 생각했다. 그랬던 내가 지금은 어느 때보다 평온하고, 훨씬 가볍고 충만한 마음으로 살고 있다.

그러니 당신도, 지금 당장은 어두컴컴한 고통뿐일지라도 반드시 터널 저편에 환한 빛이 당신을 기다리고 있음을 꼭 기억했으면 좋겠다. 당신은 혼자가 아니다.

심리학, 나의 멘토가 되어 줘서 고맙다.

내 마음을 들여다보는 책

《인생 전환의 심리학 수업》

황시투안 지음, 정은지 옮김, 미디어숲, 2021

인생이 잘 안 풀린다면 당신의 생각과 신념을 점검해 볼 필요가 있다. 이 책은 삶을 변화시킬 세 가지 방법으로 생각과 시각, 마음의 전환을 이야기한다. 생각을 바꿔 나로서 살아가고, 시각을 전환해 진짜 나를 발견하자. 마지막으로 마음의 전환을 통해 트라우마를 벗어버리면 자연스럽게 더 나은 삶 속으로 흘러 들어간다.

참고 도서

1. 57쪽, 손힘찬 지음, 《나는 나답게 살기로 했다》, 스튜디오오드리, 2021
2. 90쪽, 이시하라 가즈코 지음, 이정민 옮김, 《나는 왜 참으려고만 할까?》, 필름, 2021
3. 106쪽, 변지영 지음, 《내가 좋은 날보다 싫은 날이 많았습니다》, 비에이블, 2020
4. 116쪽, 지나영 지음, 《마음이 흐르는 대로》, 다산북스, 2020
5. 159쪽, 김주환 지음, 《회복탄력성》, 위즈덤하우스, 2019
6. 165쪽, 기시미 이치로·고가 후미타케 지음, 전경아 옮김, 《미움받을 용기2》, 인플루엔셜, 2016
7. 194, 195쪽, 최광현 지음, 《가족의 발견》, 부키, 2014
8. 196쪽, 김혜령 지음, 《내 마음을 돌보는 시간》, 가나출판사, 2020
9. 239쪽, 알프레드 아들러 지음, 유진상 옮김, 《다시 일어서는 용기》, 스타북스, 2021

더 큰 나를 만드는 심리학의 힘

하마터면 아내로만 살 뻔했다

© 박서윤 2022

인쇄일 2022년 10월 21일
발행일 2022년 10월 31일

지은이 박서윤
펴낸이 유경민 노종한
책임편집 장보연
기획편집 유노라이프 박지혜 장보연 **유노북스** 이현정 류다경 함초원 **유노책주** 김세민
기획마케팅 1팀 우현권 **2팀** 정세림 유현재 정지안
디자인 남다희 홍진기
기획관리 차은영
펴낸곳 유노콘텐츠그룹 주식회사
법인등록번호 110111-8138128
주소 서울시 마포구 월드컵로20길 5, 4층
전화 02-323-7763 **팩스** 02-323-7764 **이메일** info@uknowbooks.com

ISBN 979-11-91104-50-9 (03180)